AF622980

ANTANAS SUTKUS

ANTANAS SUTKUS

pro memoria

edited by
Thomas Schirmböck

Steidl

contents
turinys

HOW DO YOU REMAIN HUMAN?

thomas schirmböck

"I instantly noticed that their faces were different. Their souls were revealed on their faces, the souls of those who have suffered extensively. And there was warmth. They talked to me and posed in front of my camera, but there wasn't so much as a single allusion to Jew killers. And, accordingly, I didn't want to rub salt into their wounds, to raise political or Holocaust issues, or to upset them when they were in front of the camera. I simply took pictures of people who had retained their dignity amidst the perils of the Holocaust. My maxim, which I'm faithful to at all times, is to show humanity, stamina and national character."

—Antanas Sutkus

With this book, photographed between 1988 and around 1997, Antanas Sutkus commemorates the victims of the Holocaust by depicting those who survived it. Every individual human being whose face looks back at you from the pages of this book survived the inconceivable horrors of the Holocaust: through luck, coincidence and the help of others. At the same time, each of them had to suffer the loss of many loved and close ones through inhumane violence.

In 1988 Sutkus began taking photographs of the meetings of Holocaust survivors in Lithuania. At that time the country was undergoing an unstable phase of nascent social and political change. Up until the spring of 1990 Lithuania was a Soviet republic and thus firmly integrated into the rough and all-encompassing rule of Moscow. At the time, democracy or even independence from Moscow were long-standing dreams and posed great risks.

Emboldened by perestroika, those who dreamt of individual freedom began to raise their voices and remind others of independence. In the twentieth century Lithuania had found itself between the twin grindstones of the Soviet Union and Germany, having first been occupied by the USSR in 1940. The intelligentsia, the bourgeoisie, so-called renegades and patriots were at the slightest suspicion exiled to Siberia or to the gulags, and many died there. Sutkus' father refused to work against his country and chose suicide when the Soviets called upon him for support. At the time, Antanas Sutkus was just a baby.

When in 1941 the German Wehrmacht attacked the Soviet Union and quickly pushed back the Red Army, the Germans were greeted as liberators by parts of the populace. Even before the Germans reached Vilnius, the first pogroms against Jewish citizens had been carried out by Lithuanians. The systematic mass destruction of Jewish life in Vilnius, the "Jerusalem of the North," of Kaunas and the entire country was, however, planned, sanctioned and executed by the German occupiers. The result was horrific. In the few years of German occupation, over 200,000 Jewish Lithuanians were murdered; 95% of Lithuanian Jews died in the forests, fortresses or death camps. Through luck and the help of caring individuals, at least a few survived. When the Red Army approached in the summer of 1944, the last ghetto in Kaunas was liquidated and those imprisoned were murdered.

The Red Army then pushed the Germans out of the country, and a year later Lithuania became a Soviet republic and part of the Soviet Union. Jewish citizens often had a difficult time of it. Those in power appeared to attach no importance to the horrific events of the Holocaust, as, after all, they had been carried out by fascist Germany under Hitler. But when hope for a change of circumstances grew throughout the country in the 1980s, Holocaust survivors likewise raised their voices and began to demonstrate—illegally at first. Sutkus, who had heard of the extermination of the Jews since his childhood, followed the movement as an observer from the very start. As an established and highly regarded photographer, he began recording the reawakening of Jewish life in Lithuania in 1988. With his camera he covered unauthorized gatherings and demonstrations that advocated a strengthening of the Jewish community and called for the Holocaust to be remembered. This gave rise to Sutkus' project *Pro Memoria*, in which he recorded dozens of portraits of Jewish fellow citizens and thus gave a face to this all too small group. He became the movement's documentarian and expanded his large work *Lietuvos žmonės* by a further distinct chapter.

With his epoch-defining *People of Lithuania* Antanas Sutkus gifted the world and his home country with an unforgettable image of its inhabitants. *Pro Memoria*—for remembrance—continues in this vein and memorializes the group of people who, as time passes, becomes ever quieter. He allows us to see them for as long as there are books. By doing so, we recognize just how much more beautiful and rich not only Lithuania but Europe and the world would be now, had we never seen the horrors of the Holocaust.

KAIP IŠLIKTI ŽMOGIŠKAM?

thomas schirmböck

„Iškart pastebėjau, kad jų veidai skiriasi. Galbūt ne veidai, bet dvasia. Tai daug iškentusių žmonių dvasia. Tačiau iš jų pajutau šilumą. Kalbėdami su manimi, fotografuodamiesi, nė vienas nekėlė klausimo apie žydšaudžius. O aš, savo ruožtu, neaitrinau bendravimo politiniais ir holokausto klausimais, nenorėjau specialiai jaudinti prieš objektyvą. Juos fotografavau kaip žmones, kurie išlaikė orumą per ilgą holokausto pragarą. Toks mano moto buvo visuomet, fotografuojant Lietuvos žmogų – parodyti žmogiškumą, tvirtumą, nacionalinį charakterį.“

—Antanas Sutkus

Šis Antano Sutkaus albumas, kurio nuotraukos sukurtos maždaug 1988–1997 m., skirtas Holokausto aukų atminimui – tai išgyvenusiųjų portretai. Kiekvienas iš puslapių į mus žvelgiantis asmuo išgyveno sunkiai suvokiamas Holokausto baisybes. Išgyveno per laimingą atsitiktinumą, sutapimą ar su kitų pagalba. Negana to, dėl nežmoniškų karo žiaurumų kiekvienas iš jų patyrė daugybės savo mylimų ir artimų žmonių netektis.

1988 m. Sutkus pradėjo fotografuoti Holokaustą Lietuvoje išgyvenusiųjų susirinkimus. Šalyje tuo metu vyko permainos, artėjo socialiniai ir politiniai pokyčiai. Lietuva, kaip sovietinė respublika, iki pat 1990 m. pavasario liko stipriai priklausoma nuo tvirto ir visapusiško valdymo iš Maskvos. Demokratija ar netgi atotrūkis nuo Maskvos buvo tik sena svajonė ir kėlė didelę riziką.

Perestroikos metu įsidrąsinę, svajojusieji apie asmeninę laisvę ėmė kalbėti garsiau ir kitiems priminė apie nepriklausomybę. XX a. Lietuva, pirmiausia 1940-aisiais okupuota Sovietų sąjungos, pateko tarp dviejų girnapusių – Sovietų sąjungos ir Vokietijos. Inteligentai, buržuazija, vadinamieji išdavikai ir patriotai dėl mažiausio įtarimo buvo tremiami į Sibirą ar Gulagą, daugelis jų ten mirė. Sutkaus tėvas atsisakė veikti prieš savo šalį ir, sovietams pareikalavus bendradarbiauti, pasirinko savižudybę. Tuo metu Antanas Sutkus buvo dar kūdikis.

Kai 1941 m. Vokietijos Vermachtas užpuolė Sovietų sąjungą ir greit išstūmė Raudonąją armiją, tam tikra gyventojų dalis sutiko vokiečius kaip išvaduotojus. Lietuviai pirmuosius pogromus prieš vietos žydus rengė jau tada, kai vokiečiai dar net nebuvo pasiekę Vilniaus. Metodiškas ir masinis Vilniaus („Šiaurės Jeruzalės“), Kauno ir visos šalies žydų bendruomenės naikinimas visgi buvo planuotas, sankcionuotas bei įgyvendintas vokiečių okupantų. Pasekmės buvo siaubingos. Per kelis vokiečių okupacijos metus daugiau nei 200 000 Lietuvos žydų nužudyta, 95 % jų mirė miškuose, fortuose ar koncentracijos stovyklose. Tik per laimingą atsitiktinumą ir padedami rūpestingų žmonių bent keletas Lietuvos žydų išgyveno. 1944-ųjų vasarą, kai priartėjo Raudonoji armija, paskutinis Kauno getas buvo likviduotas, įkalintieji – nužudyti.

Raudonoji armija išstūmė vokiečius iš šalies, ir po metų Lietuva tapo sovietine respublika Sovietų sąjungos sudėtyje. Vietiniams žydams dėl to dažnai kildavo sunkumų. Valdantieji, regis, neteikė reikšmės siaubingiems Holokausto nusikaltimams, kadangi, šiaip ar taip, juos vykdė Hitlerio vadovaujama fašistinė Vokietija. Devintajame dešimtmetyje, šalyje augant vilčiai dėl galimų pokyčių, išgyvenusieji Holokaustą taip pat pradėjo kalbėti garsiau ir rengti demonstracijas, iš pradžių – nelegaliai. Sutkus, nuo pat vaikystės girdėjęs apie žydų naikinimą, šio judėjimo atsiradimą sekė kaip stebėtojas. Būdamas įsitvirtinęs ir gerbiamas fotografas, 1988 m. jis ėmė dokumentuoti Lietuvos žydų atgimimą. Savo fotoaparatu fiksavo reportažus iš nelegalių susirinkimų ir demonstracijų, kuriose buvo skatinama stiprinti žydų bendruomenę, kviečiama atminti Holokaustą. Taip gimė Sutkaus projektas *Pro Memoria*, kuriame fotomenininkas įamžino dešimtis Lietuvos žydų ir taip suteikė šiai saujelei žmonių veidą. Tapęs šio judėjimo liudytoju, jis papildė savo didžiulį ciklą *Lietuvos žmonės* dar vienu ryškiu skyriumi.

Epochiniu ciklu *Lietuvos žmonės* Antanas Sutkus padovanojo pasauliui ir tėvynei nepamirštamą jos gyventojų paveikslą. Rinkinys *Pro Memoria* (lot. atminčiai) tęsia šį darbą ir įamžina grupę, kuri su laiku tampa vis tylesnė. Sutkus suteikė mums galimybę matyti tos grupės narius tol, kol pasaulyje egzistuos knygos. Žiūrėdami suvokiame: jei ne Holokausto baisybės, ne tik Lietuva, bet ir Europa, ir visas pasaulis dabar būtų daug gražesnis bei turtingesnis.

plates
kūriniai

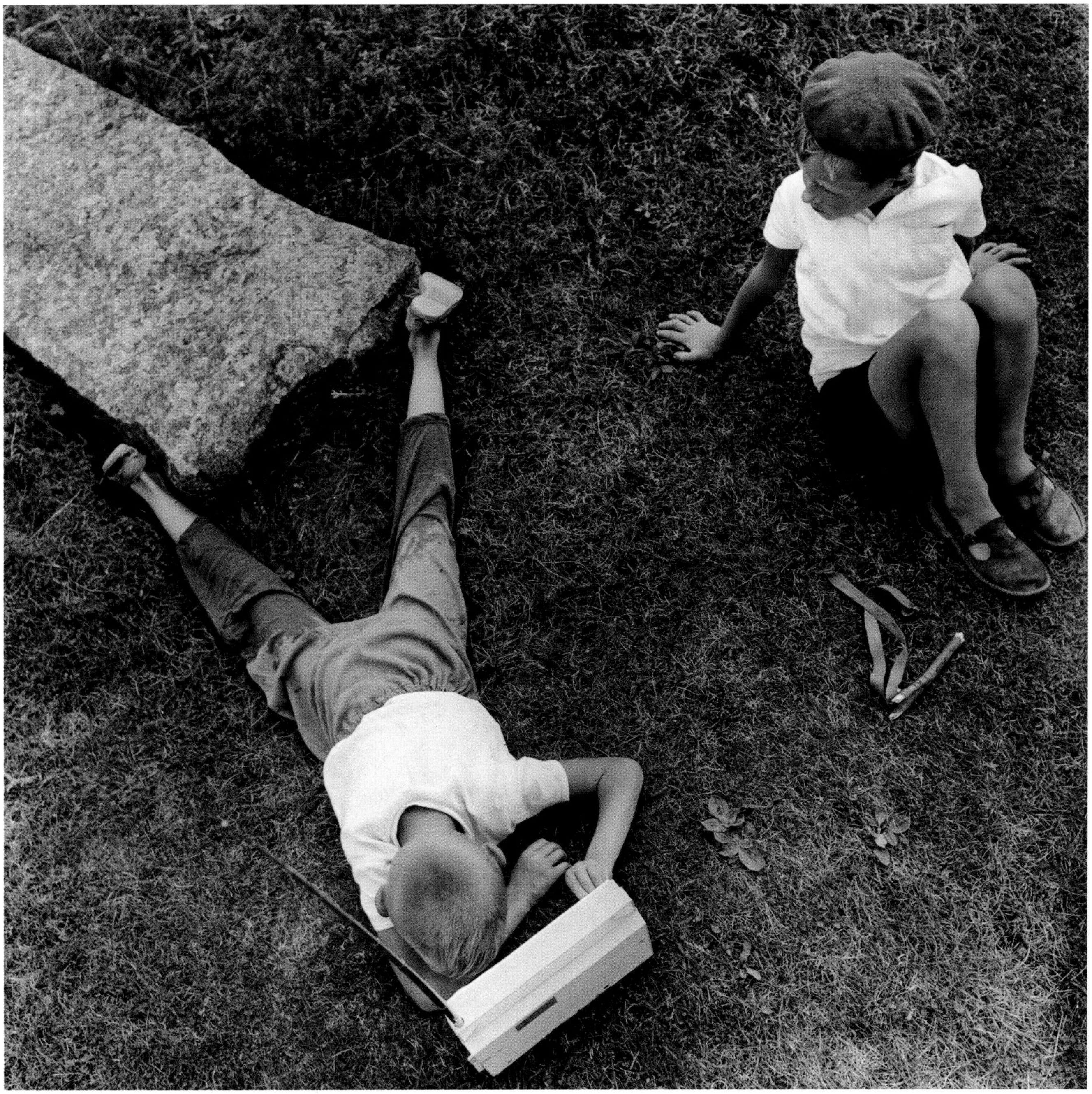

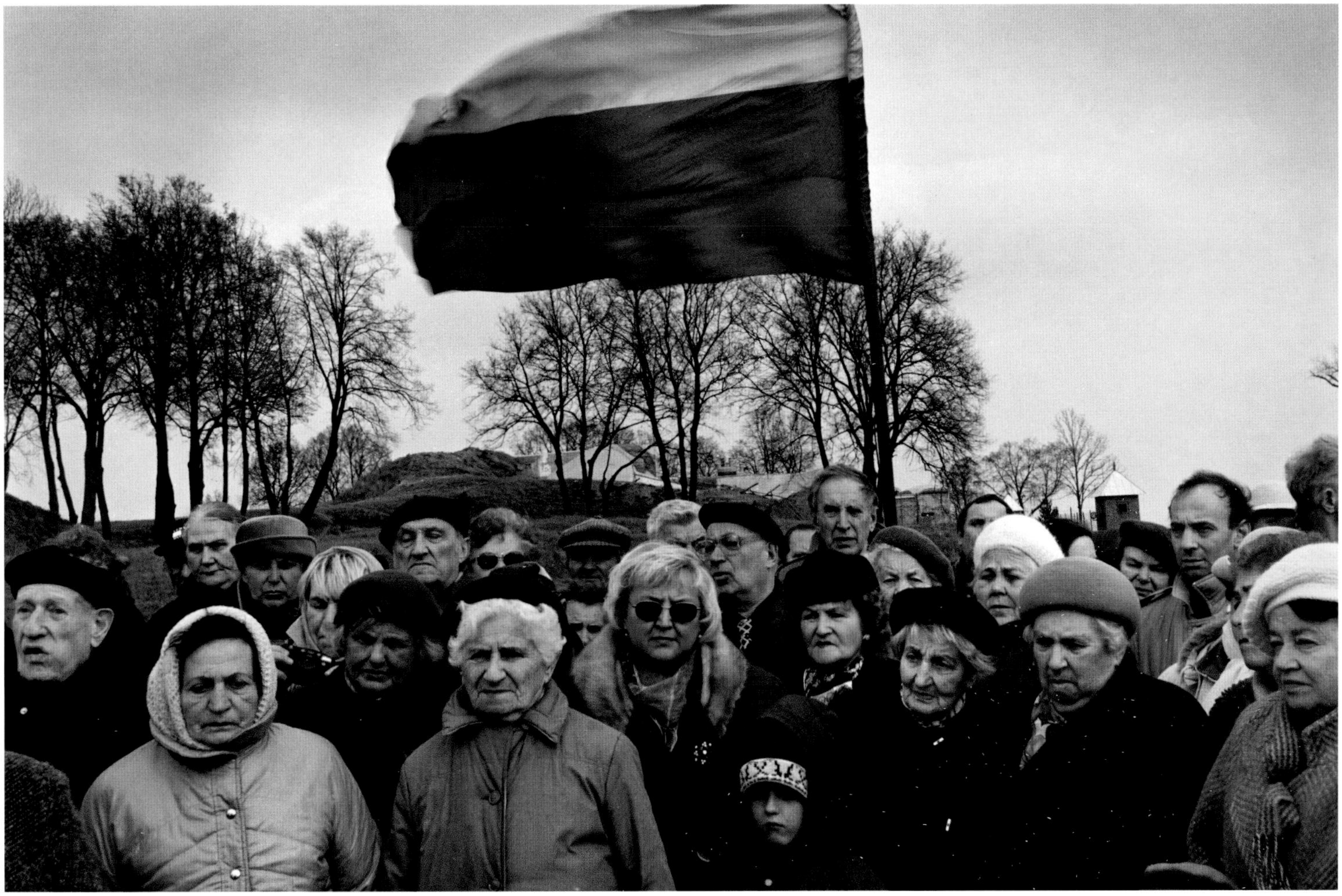

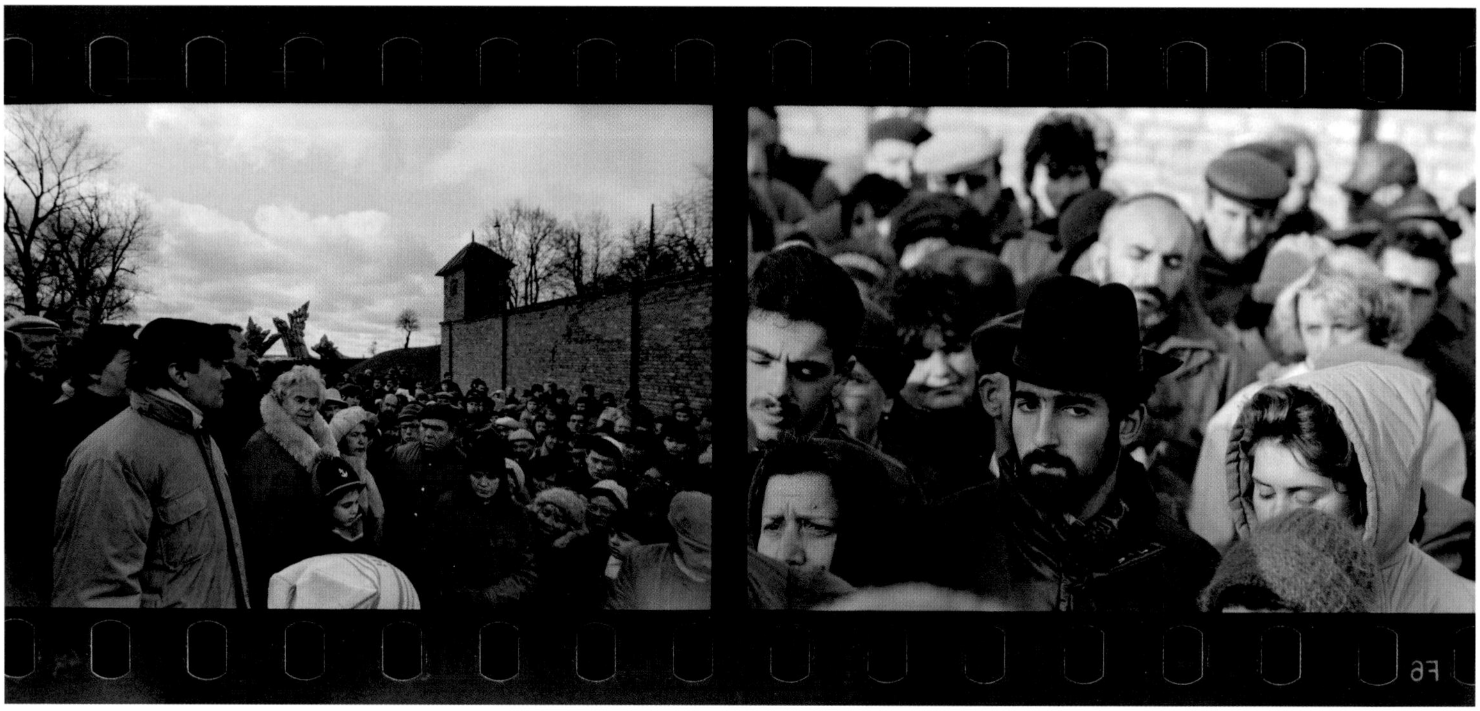

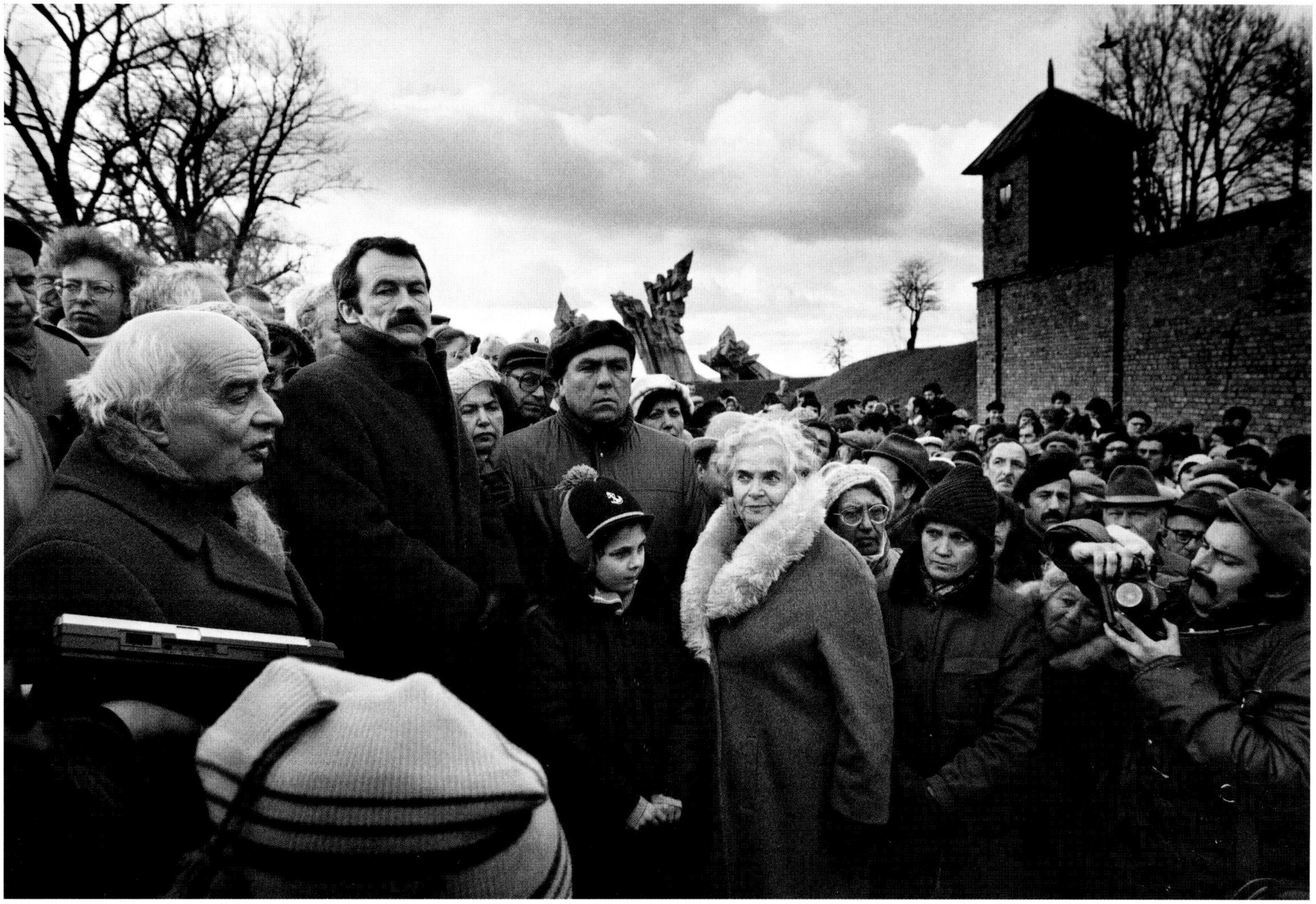

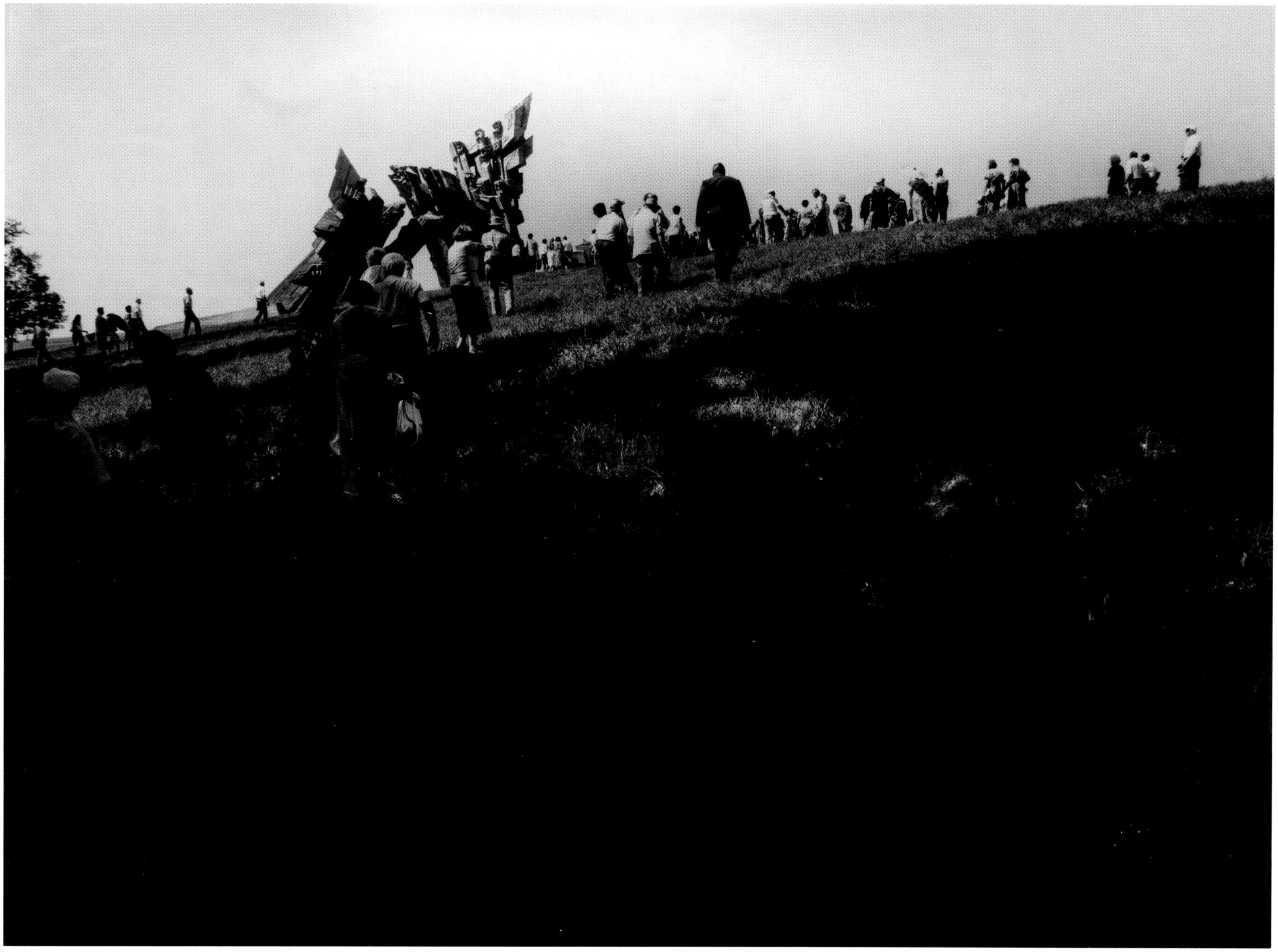

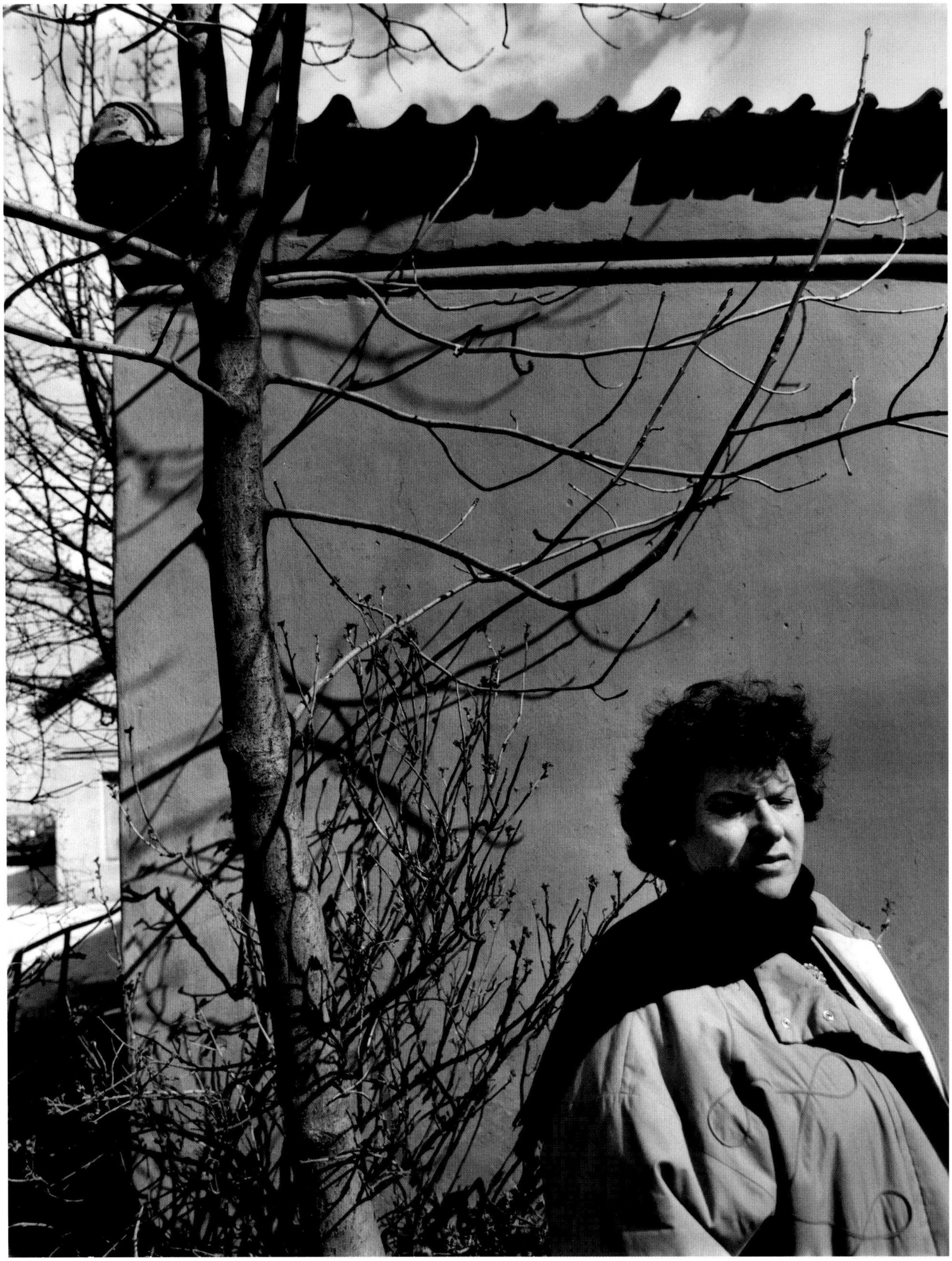

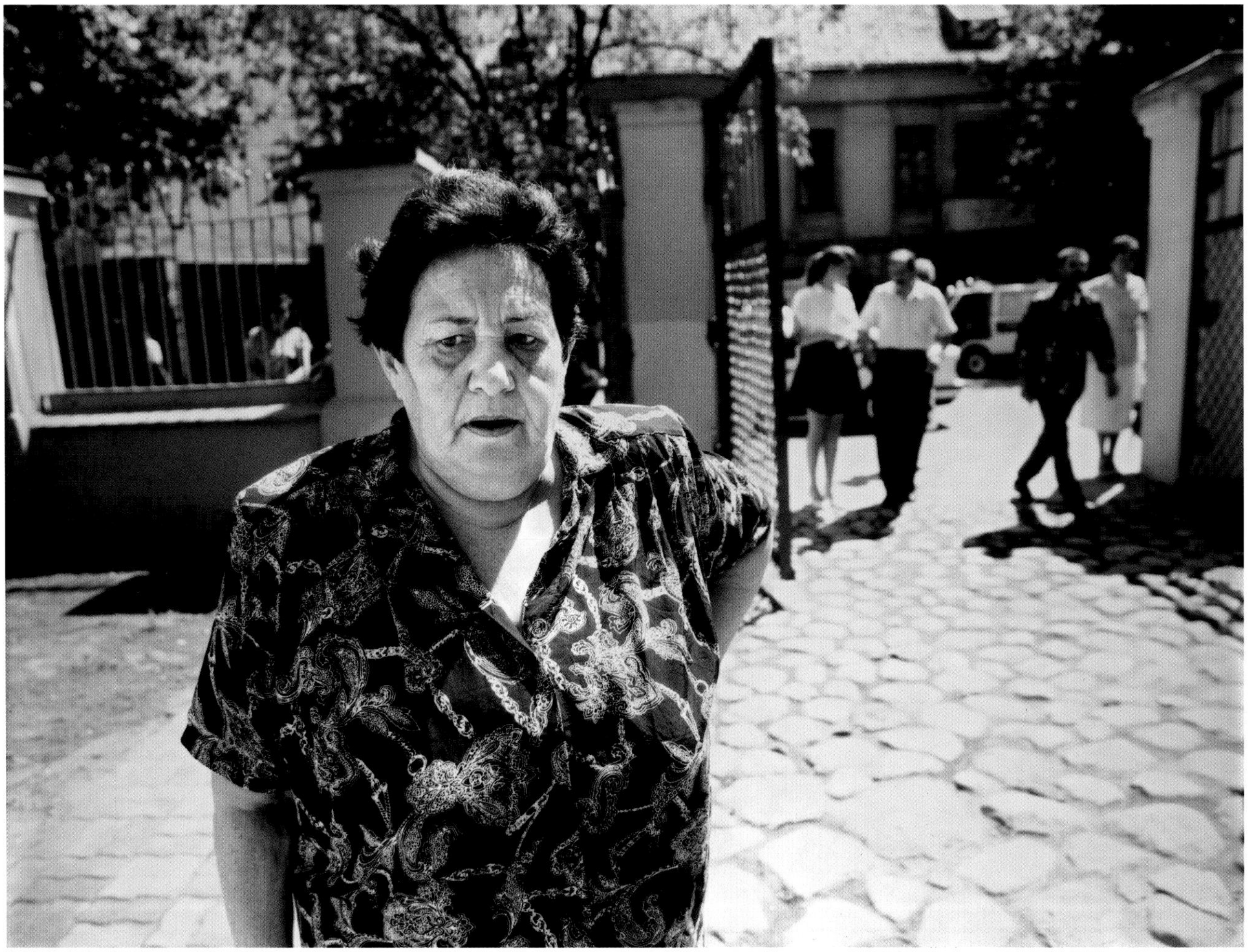

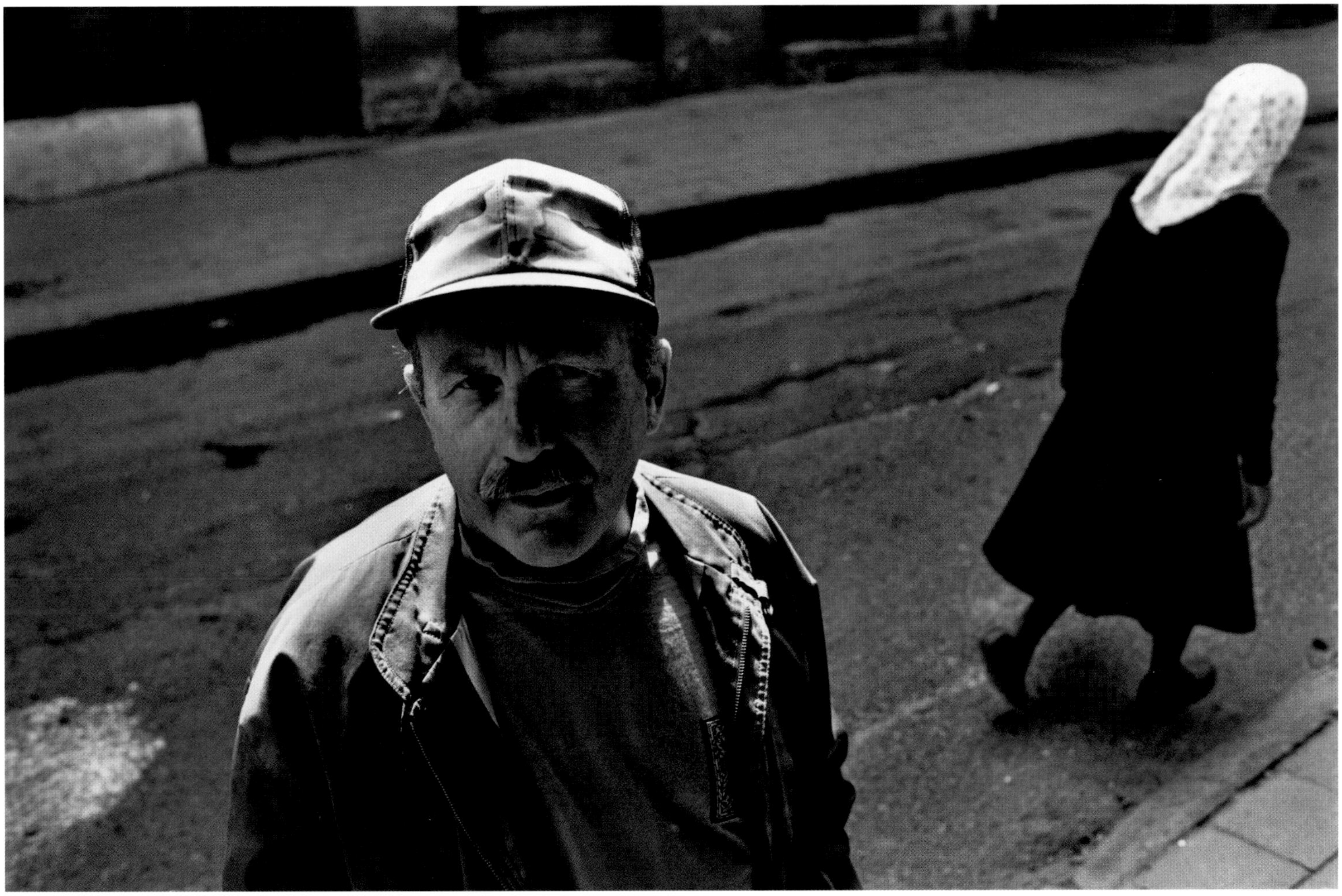

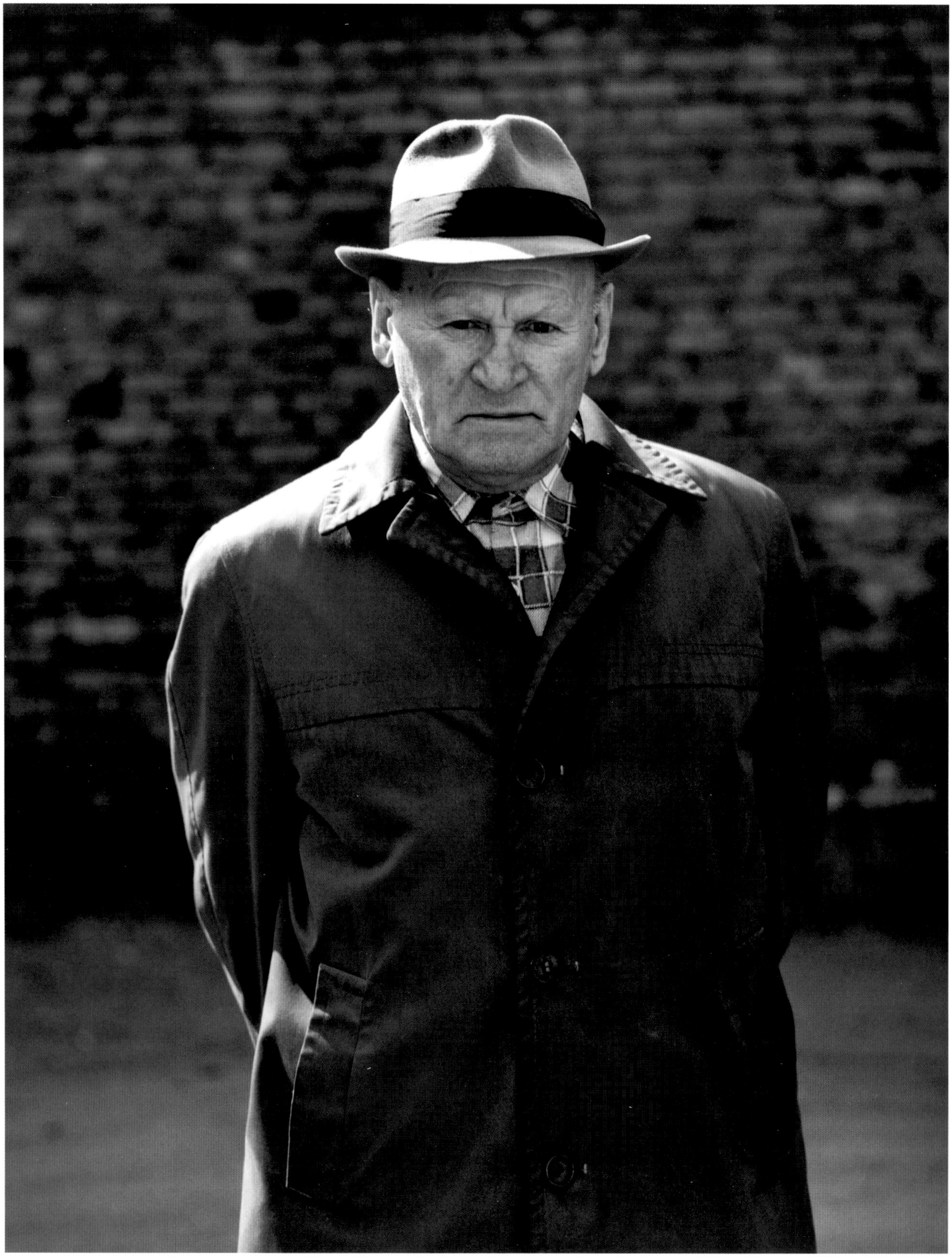

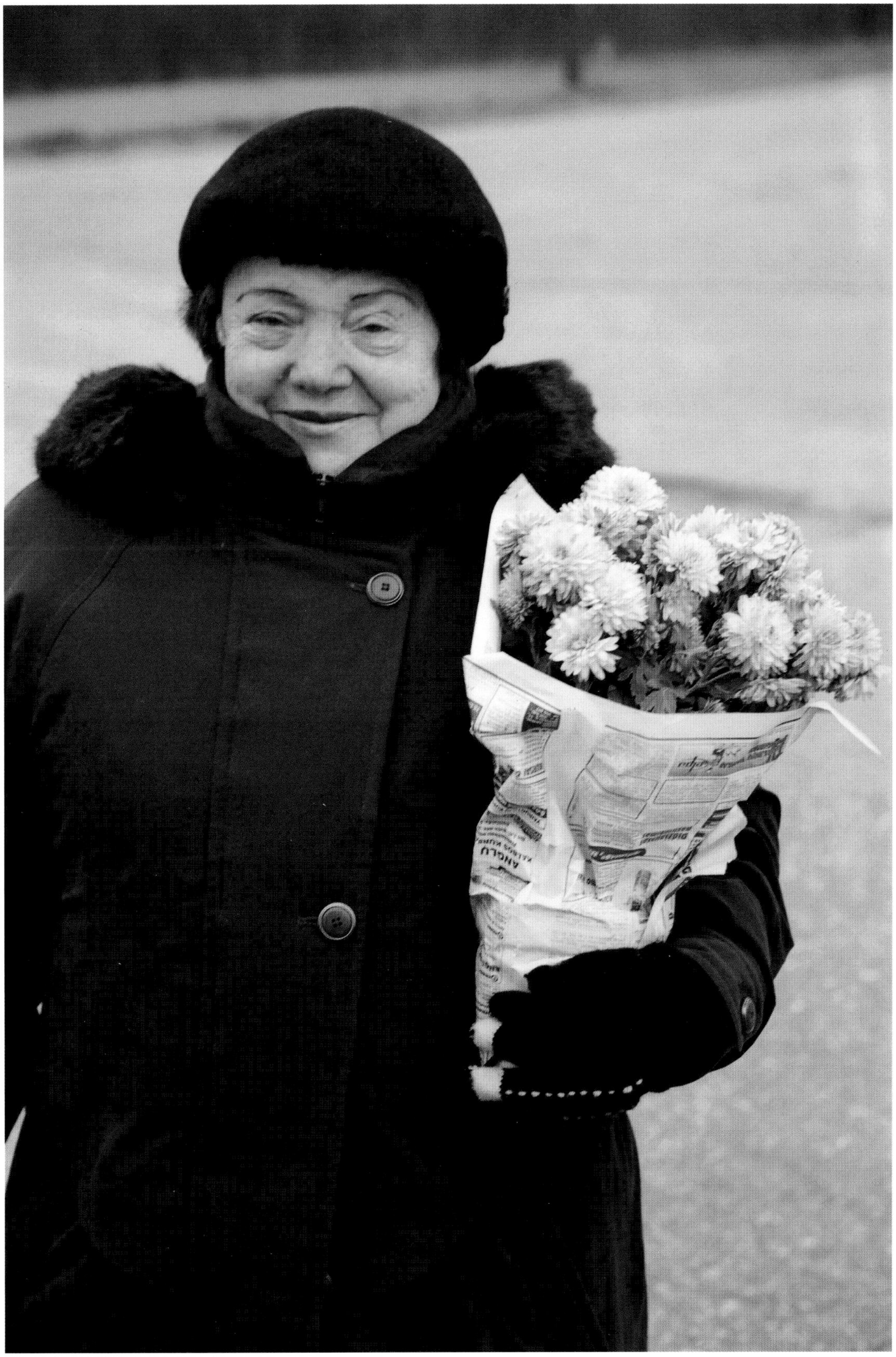

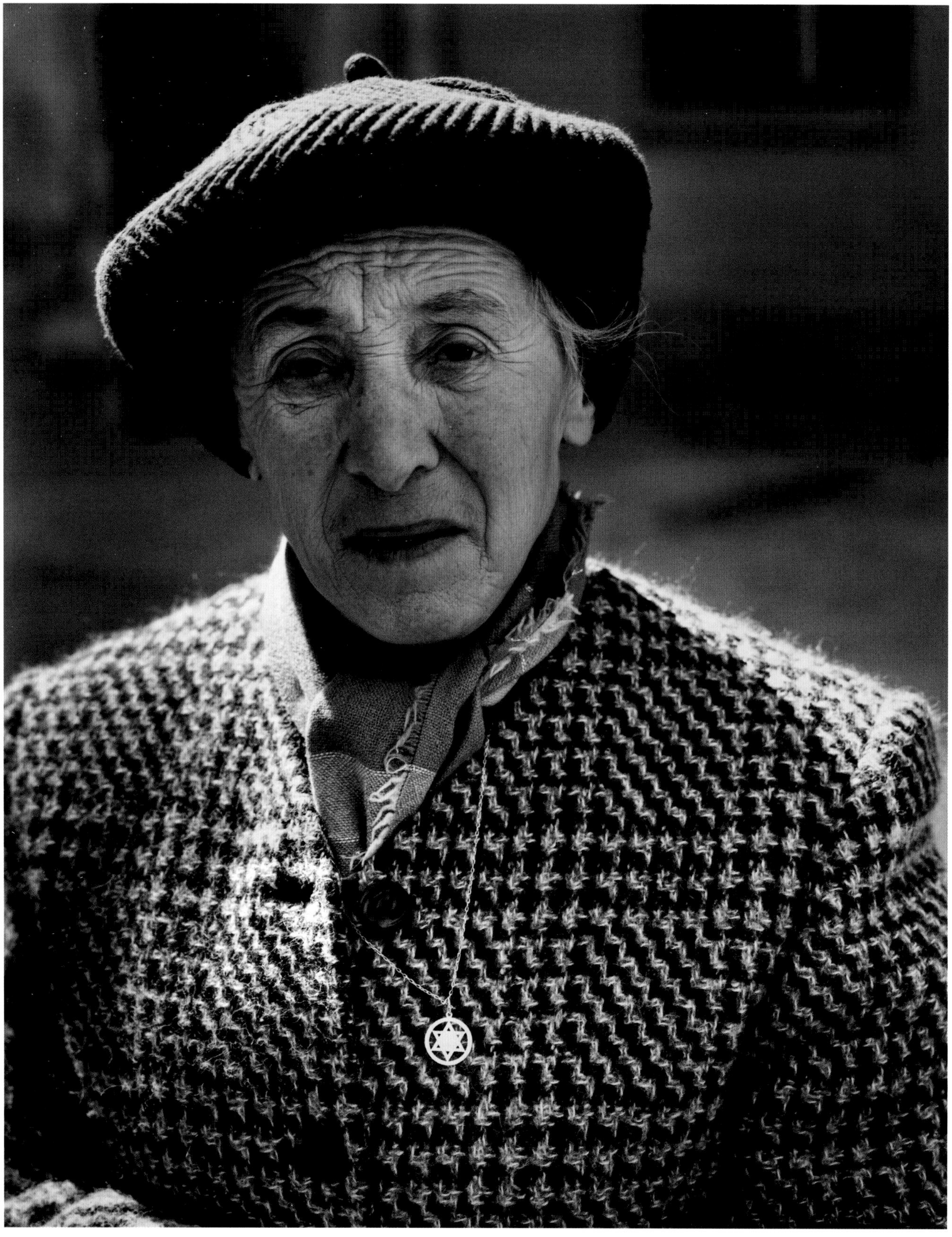

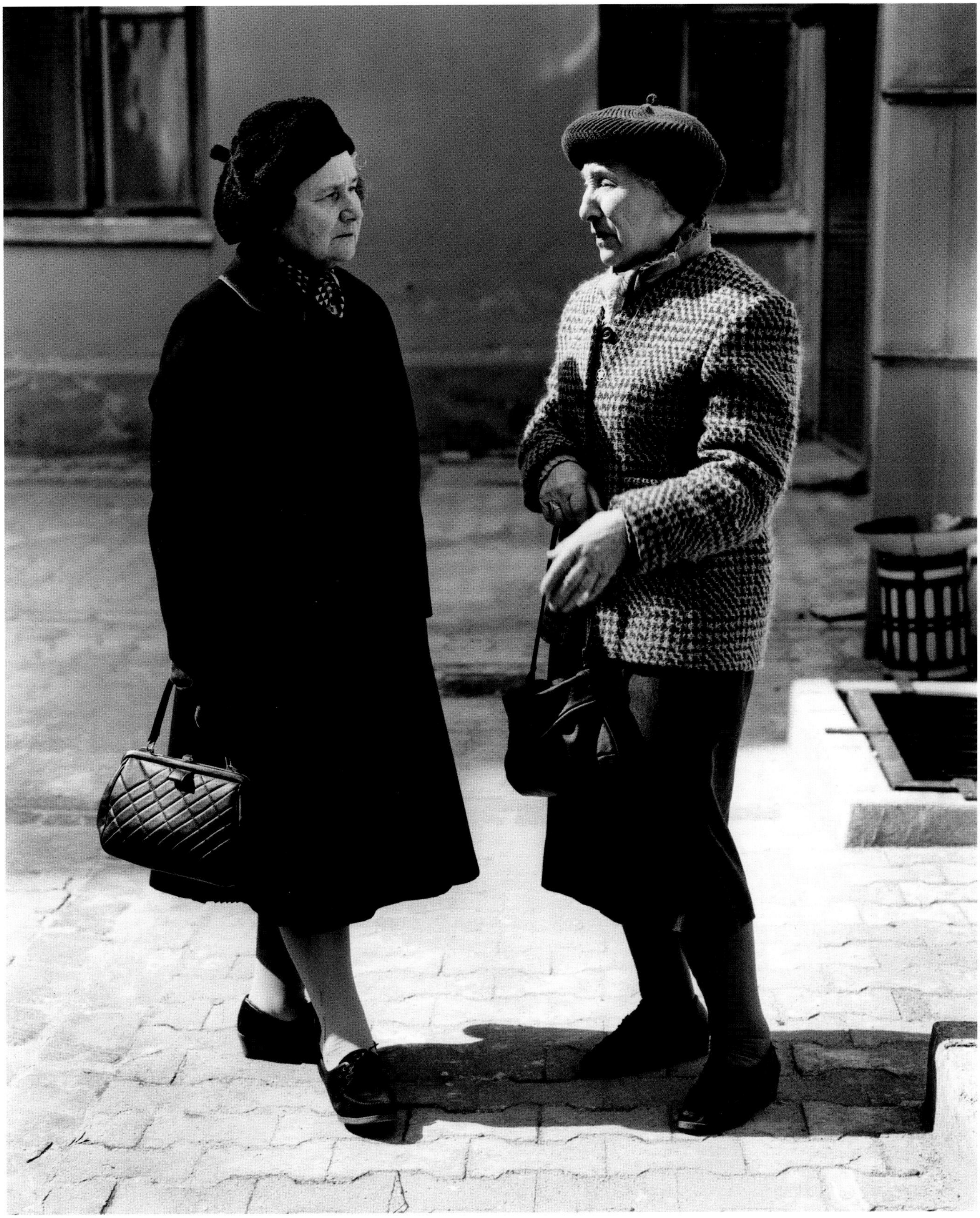

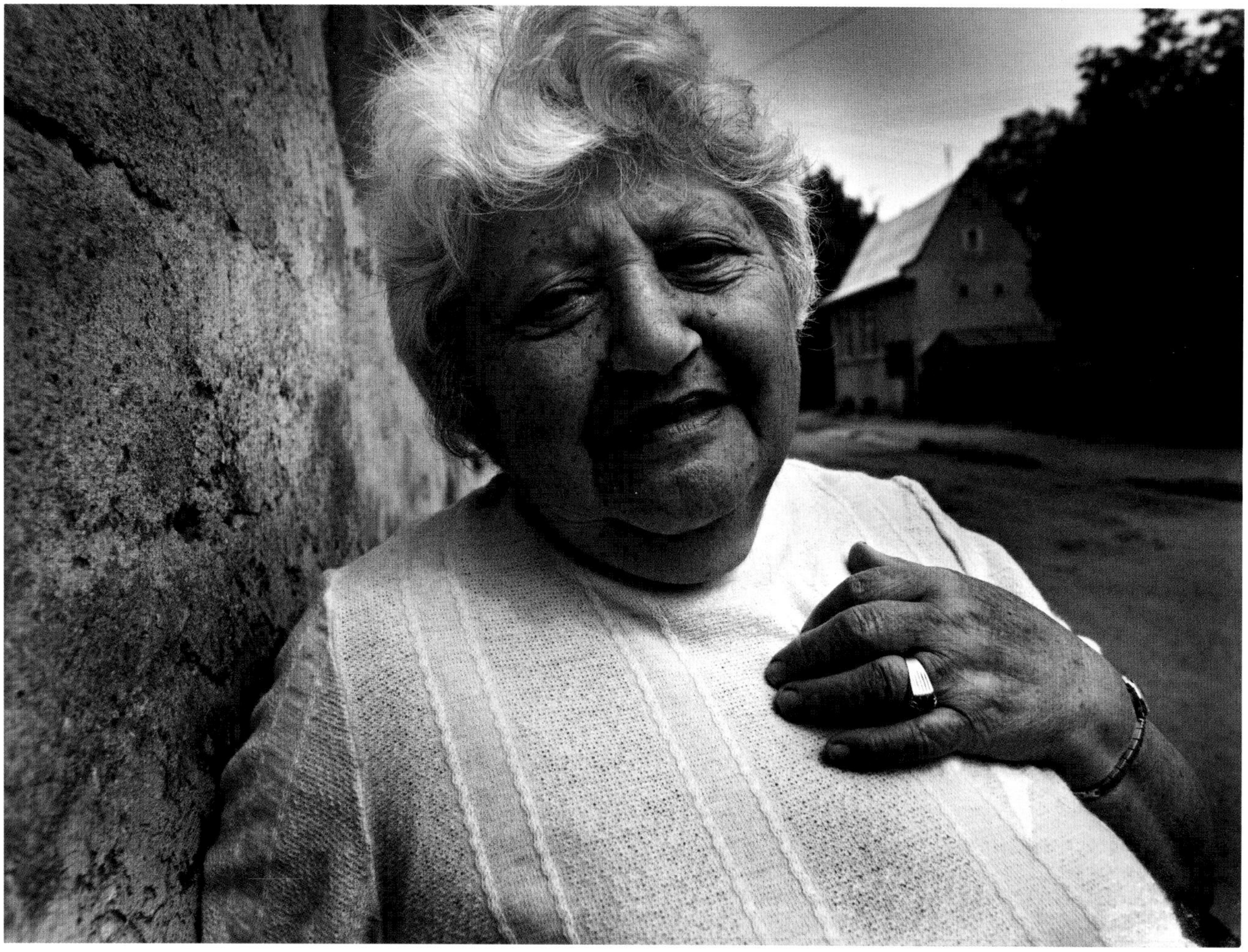

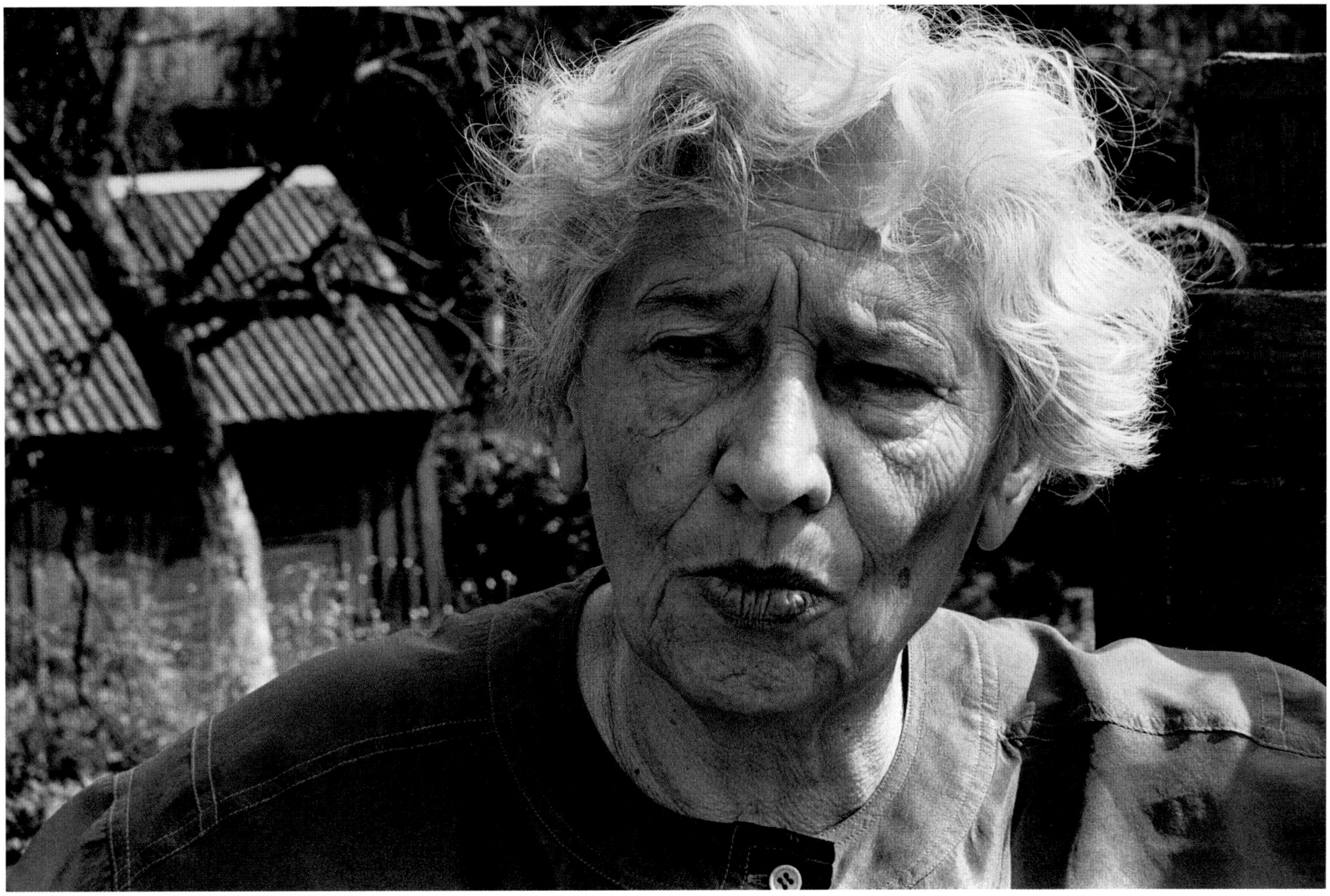

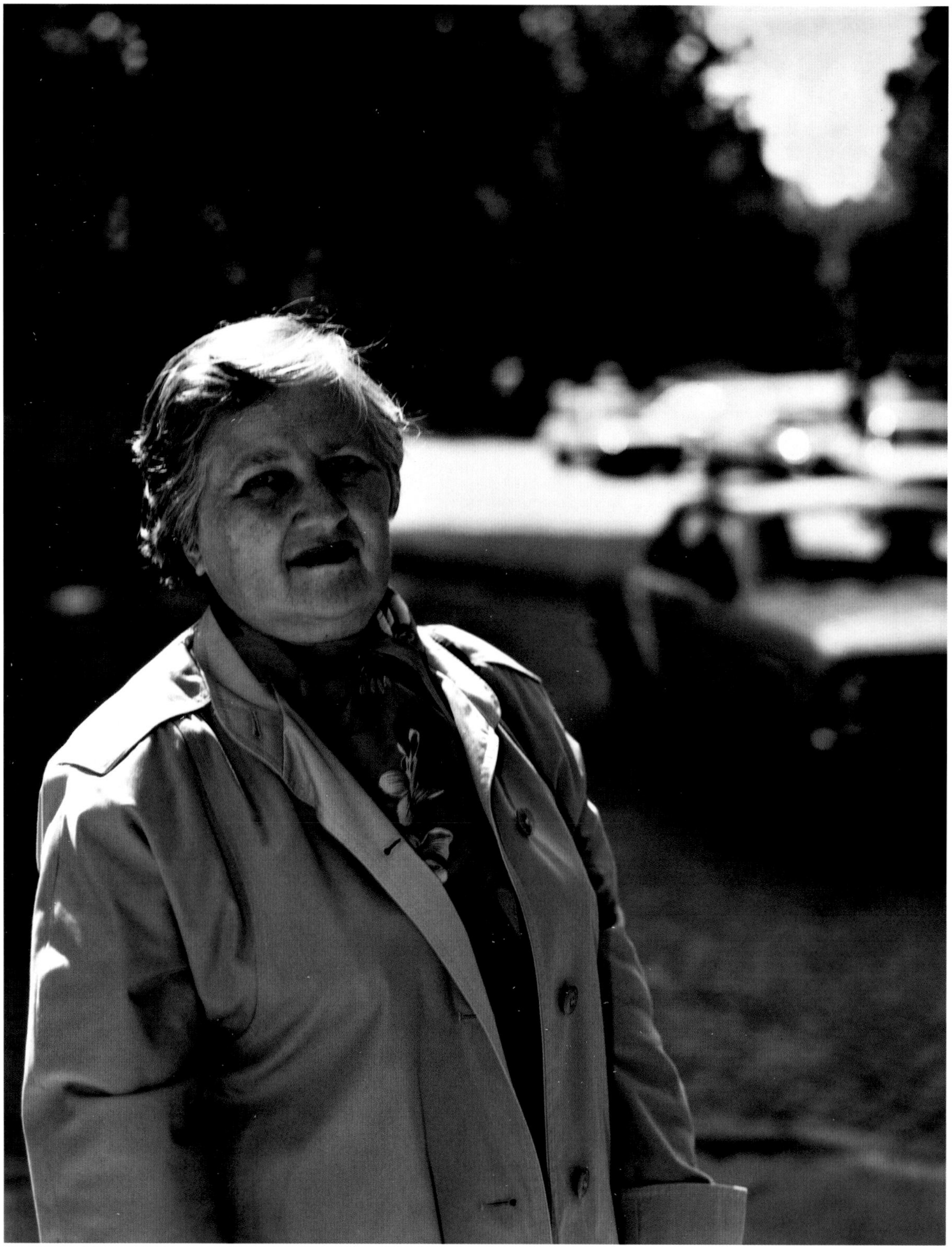

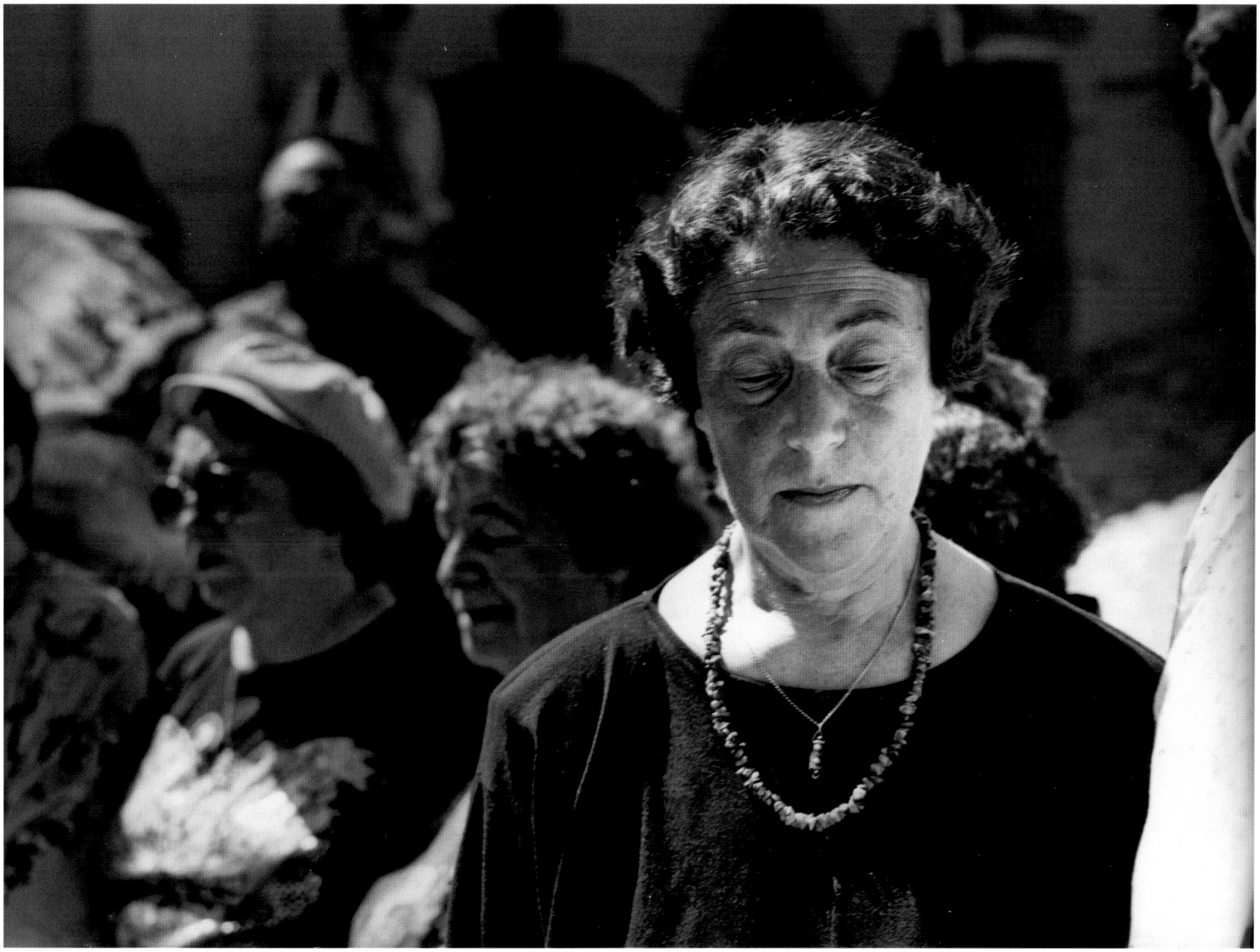

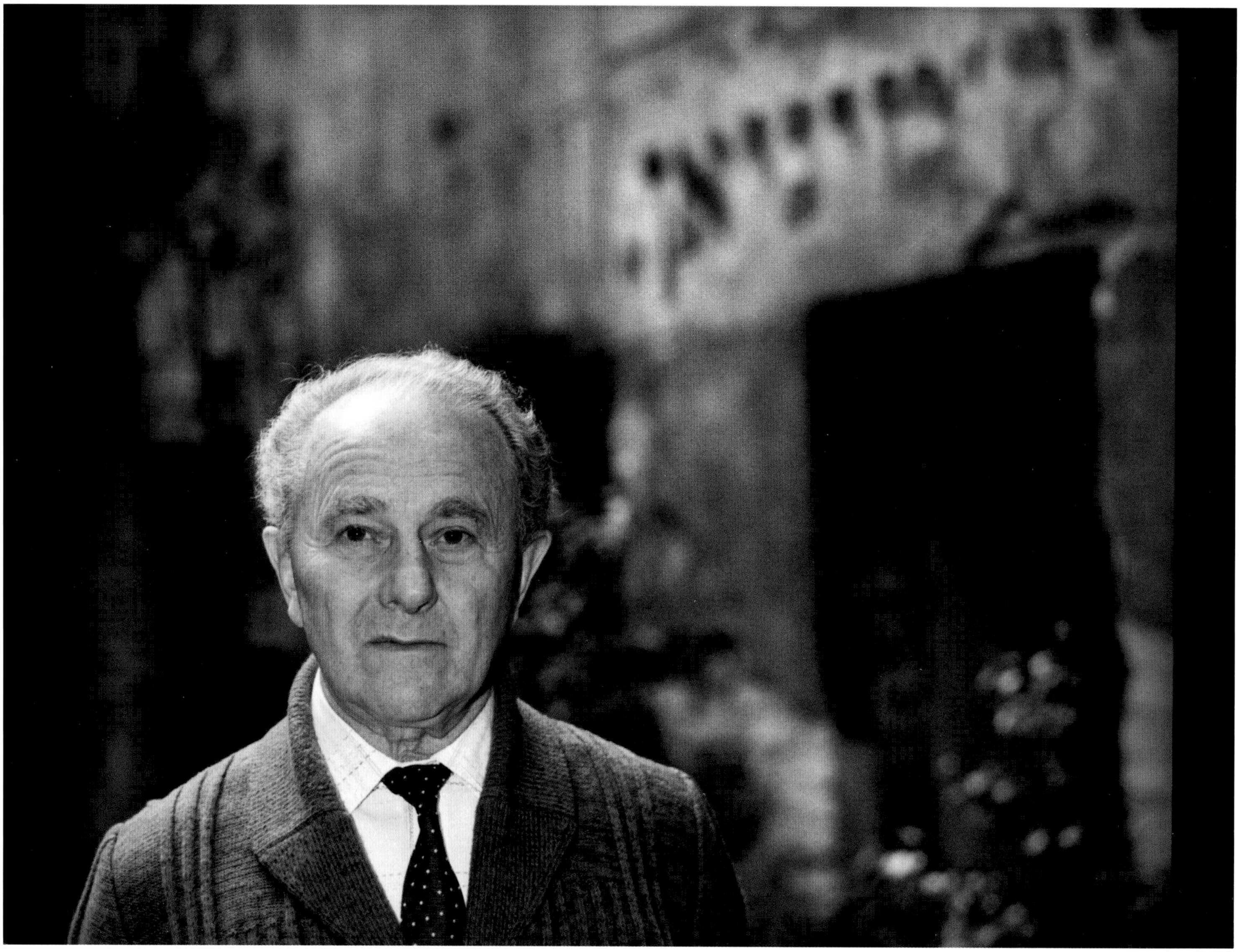

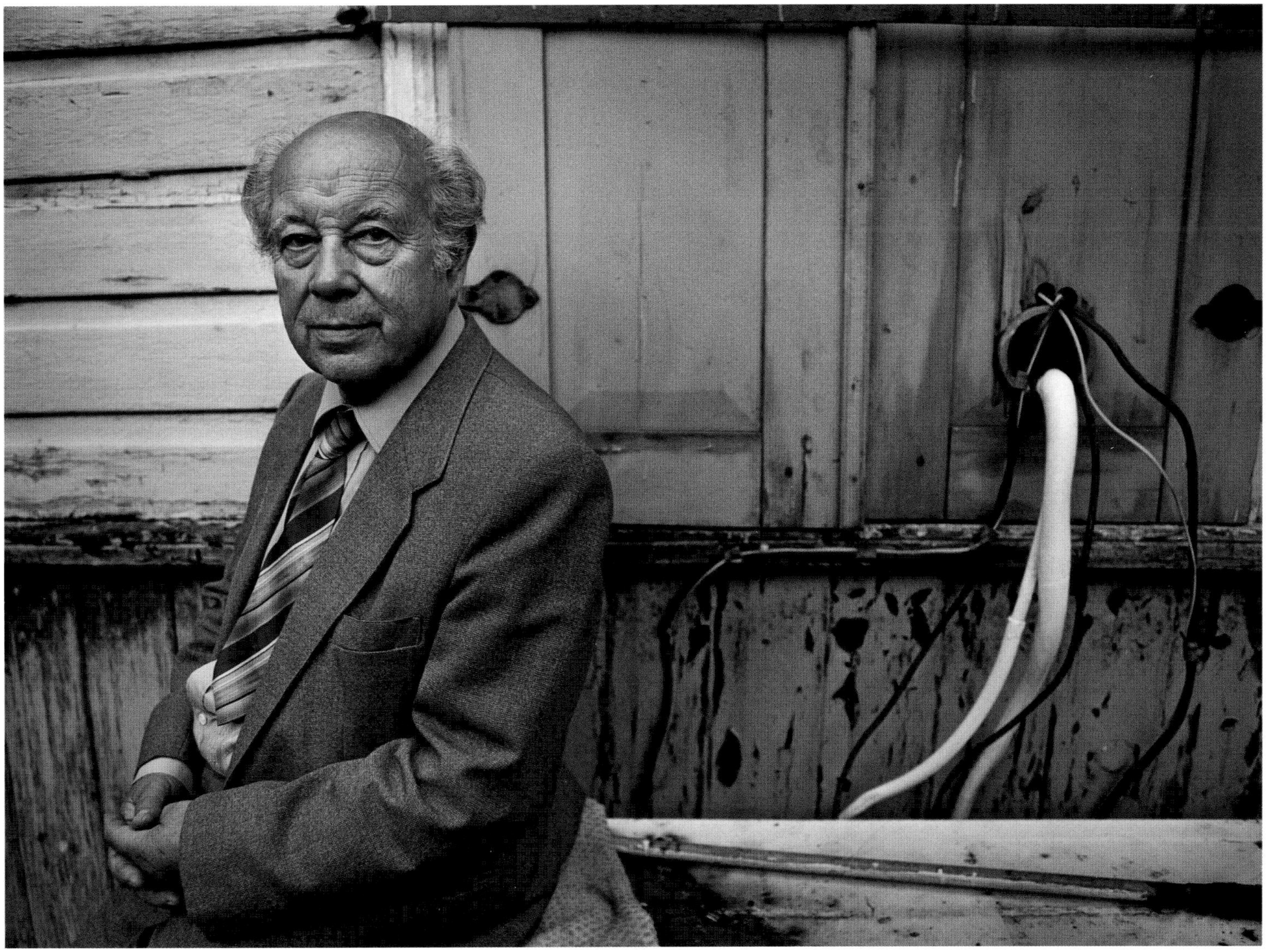

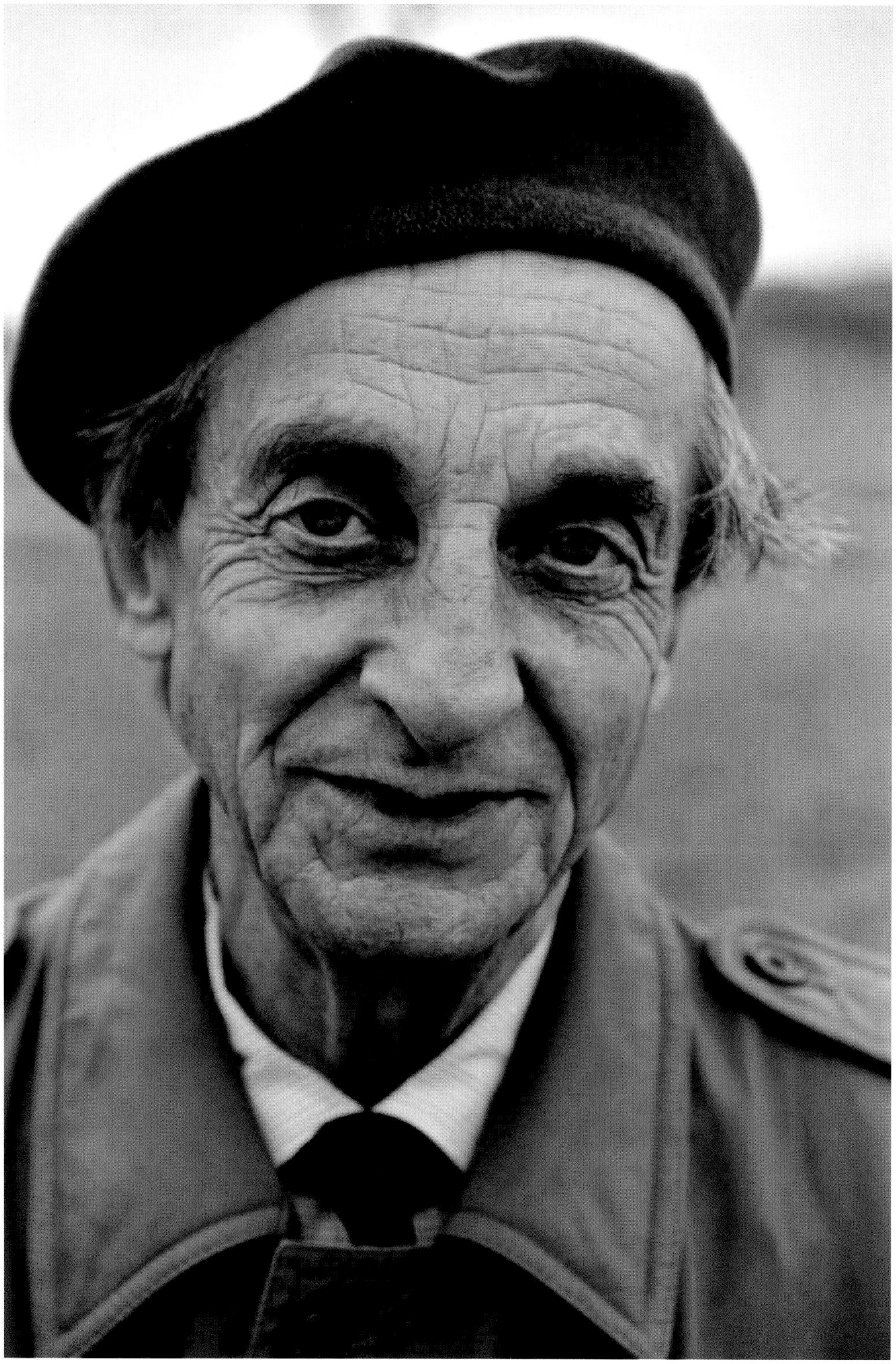

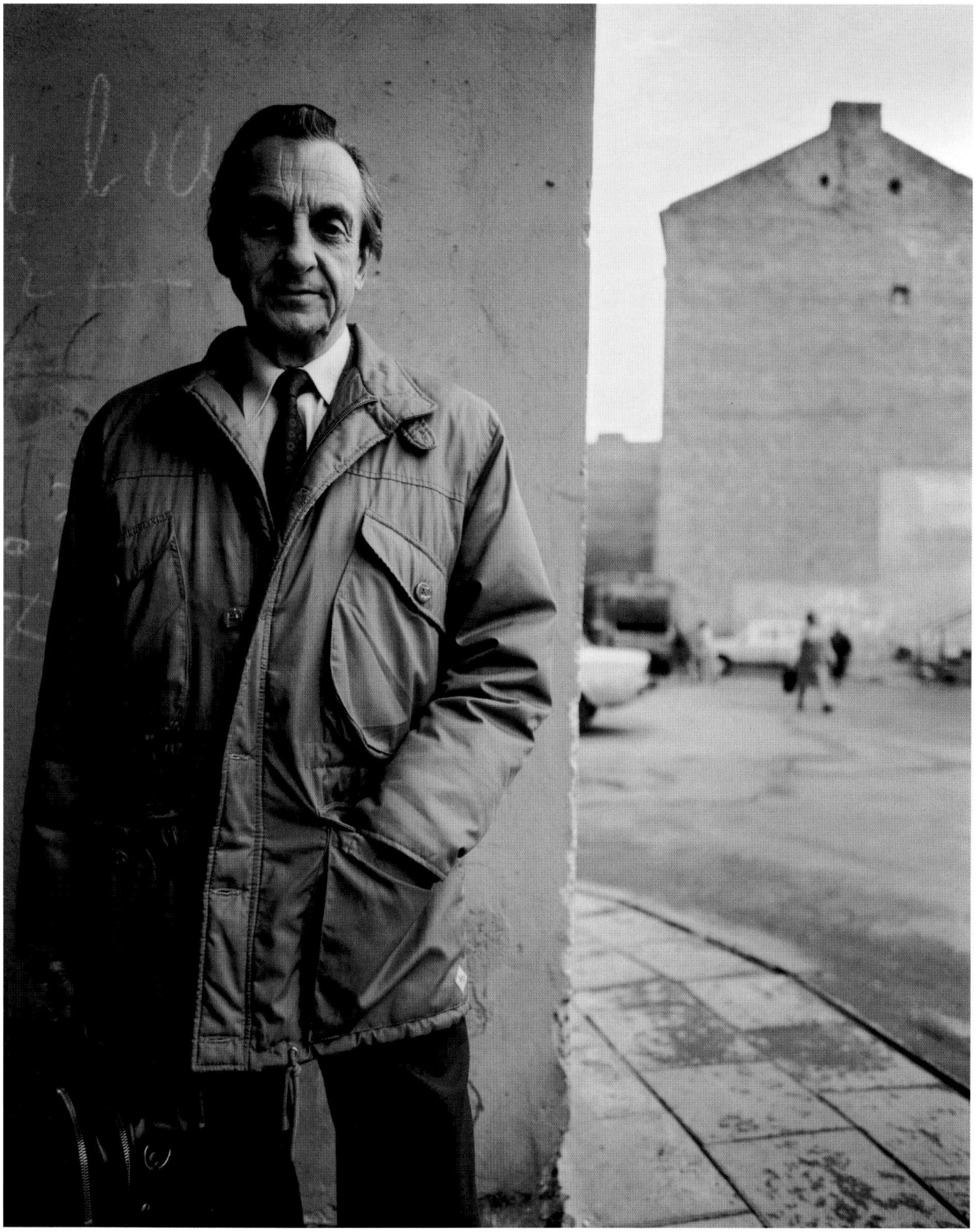

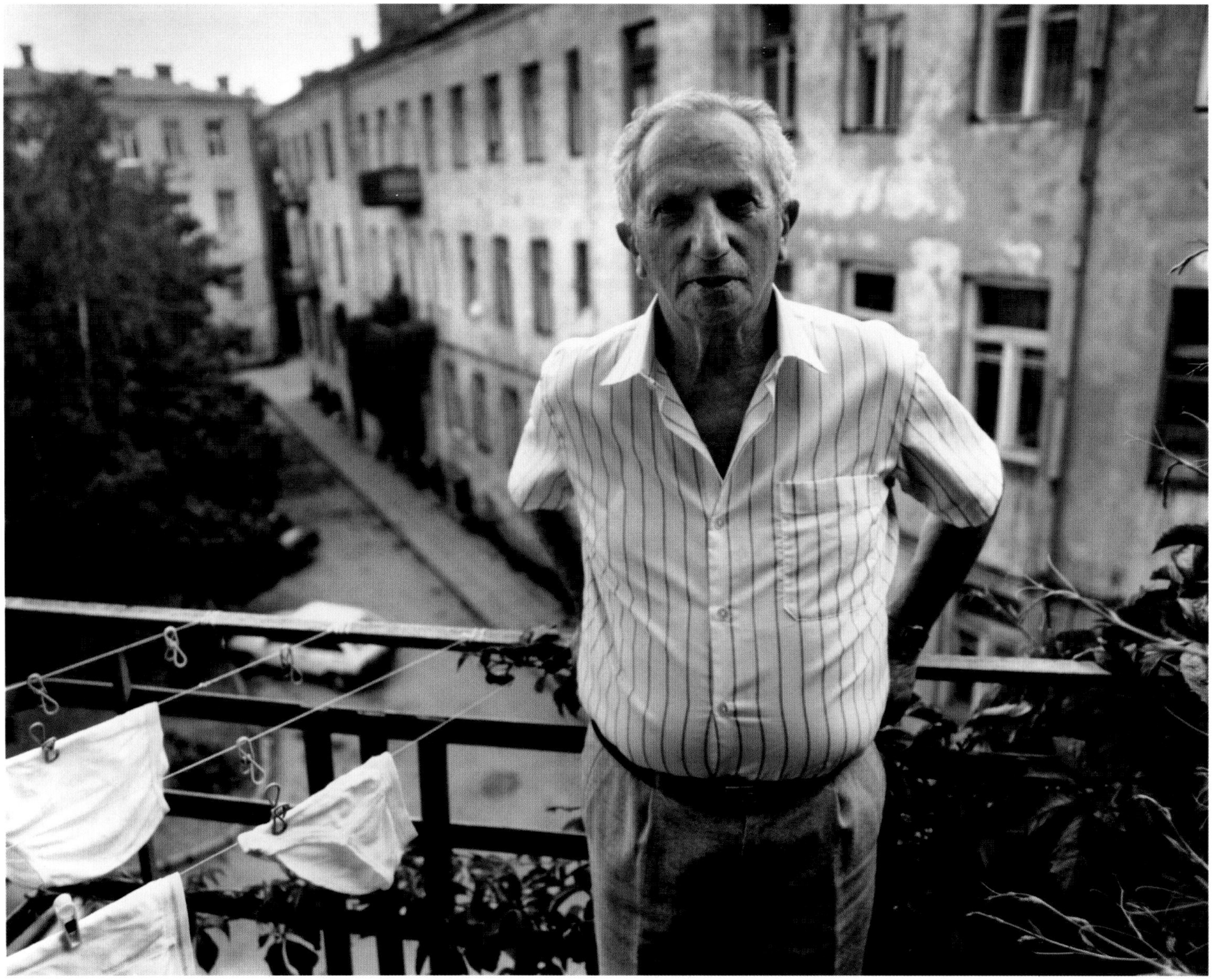

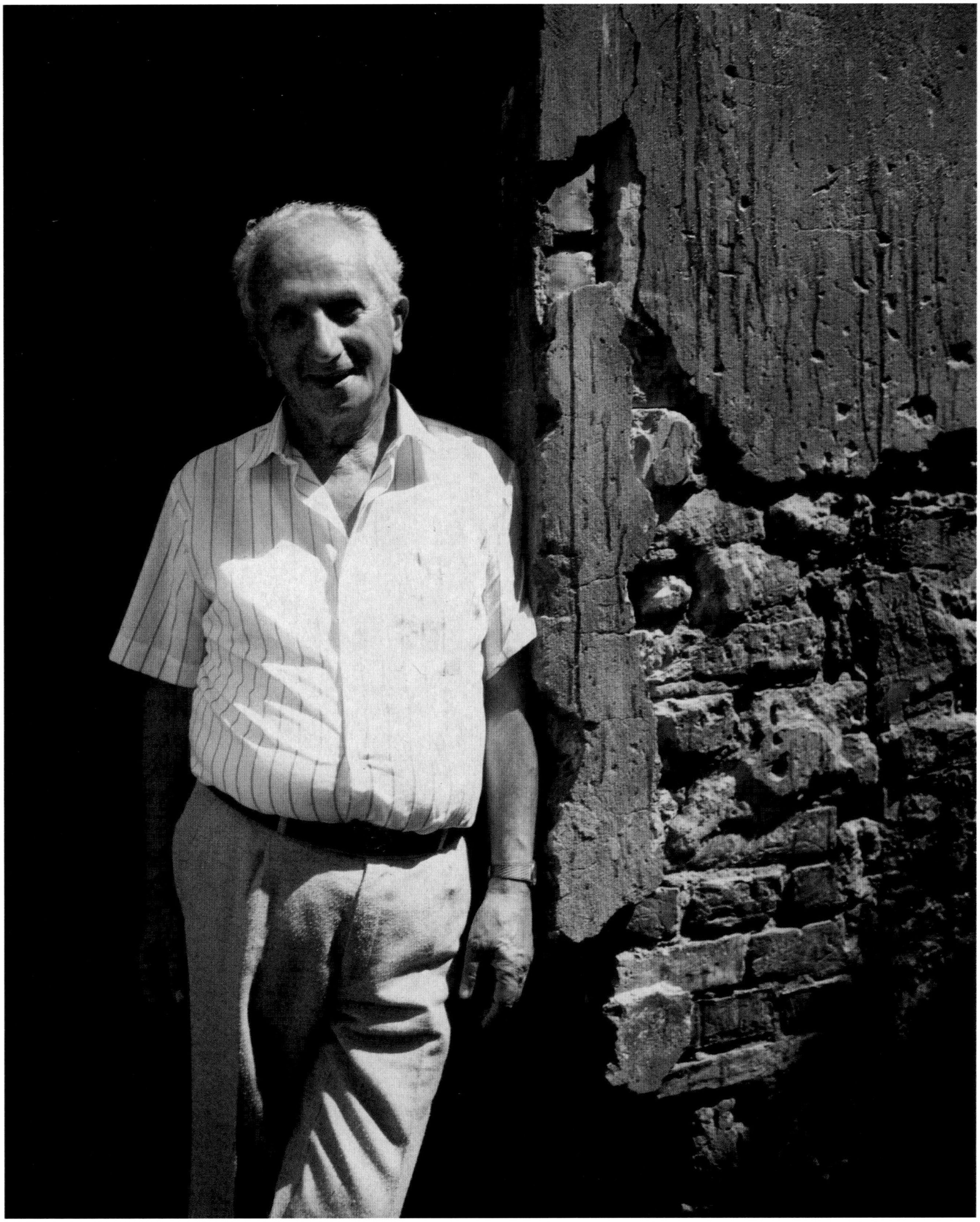

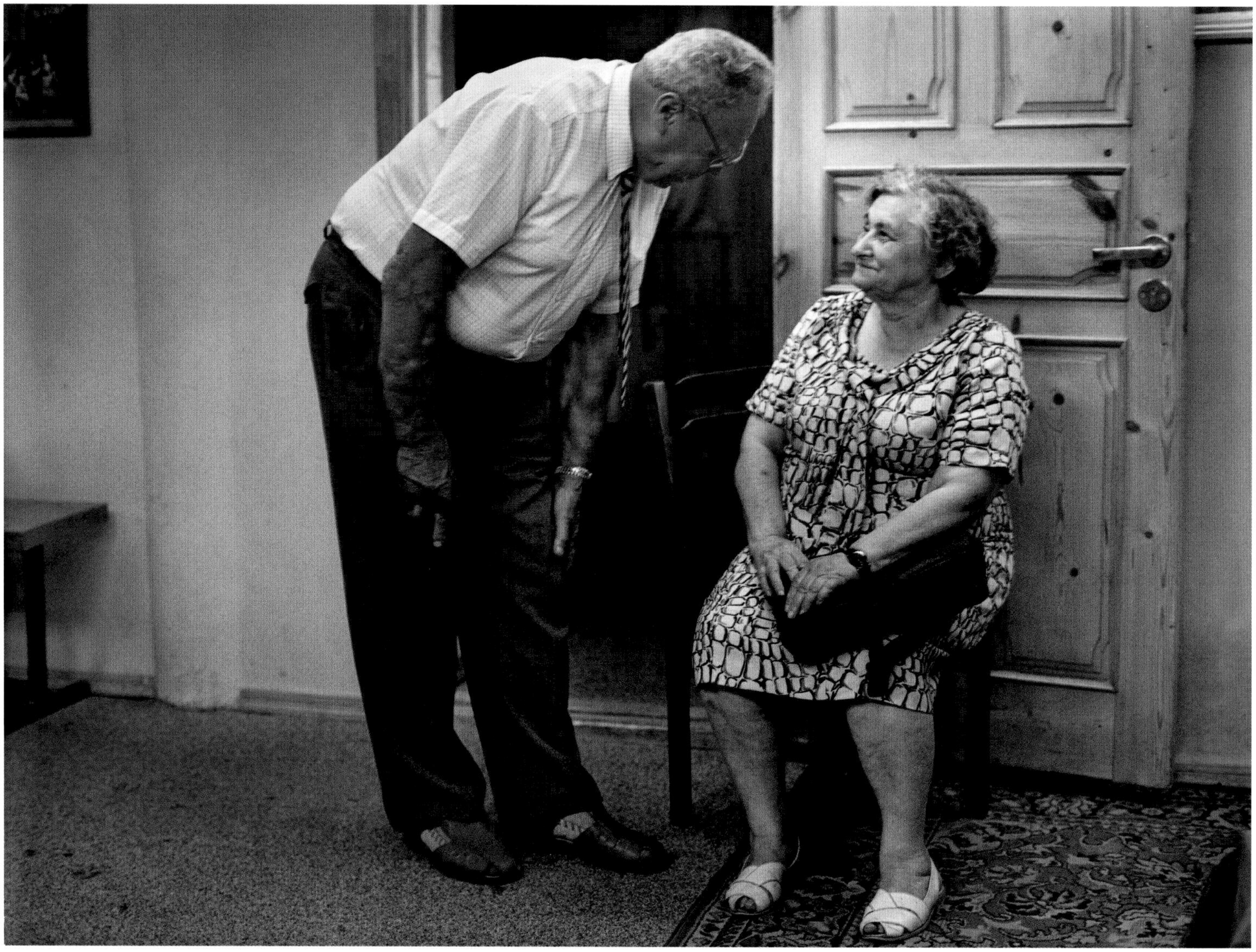

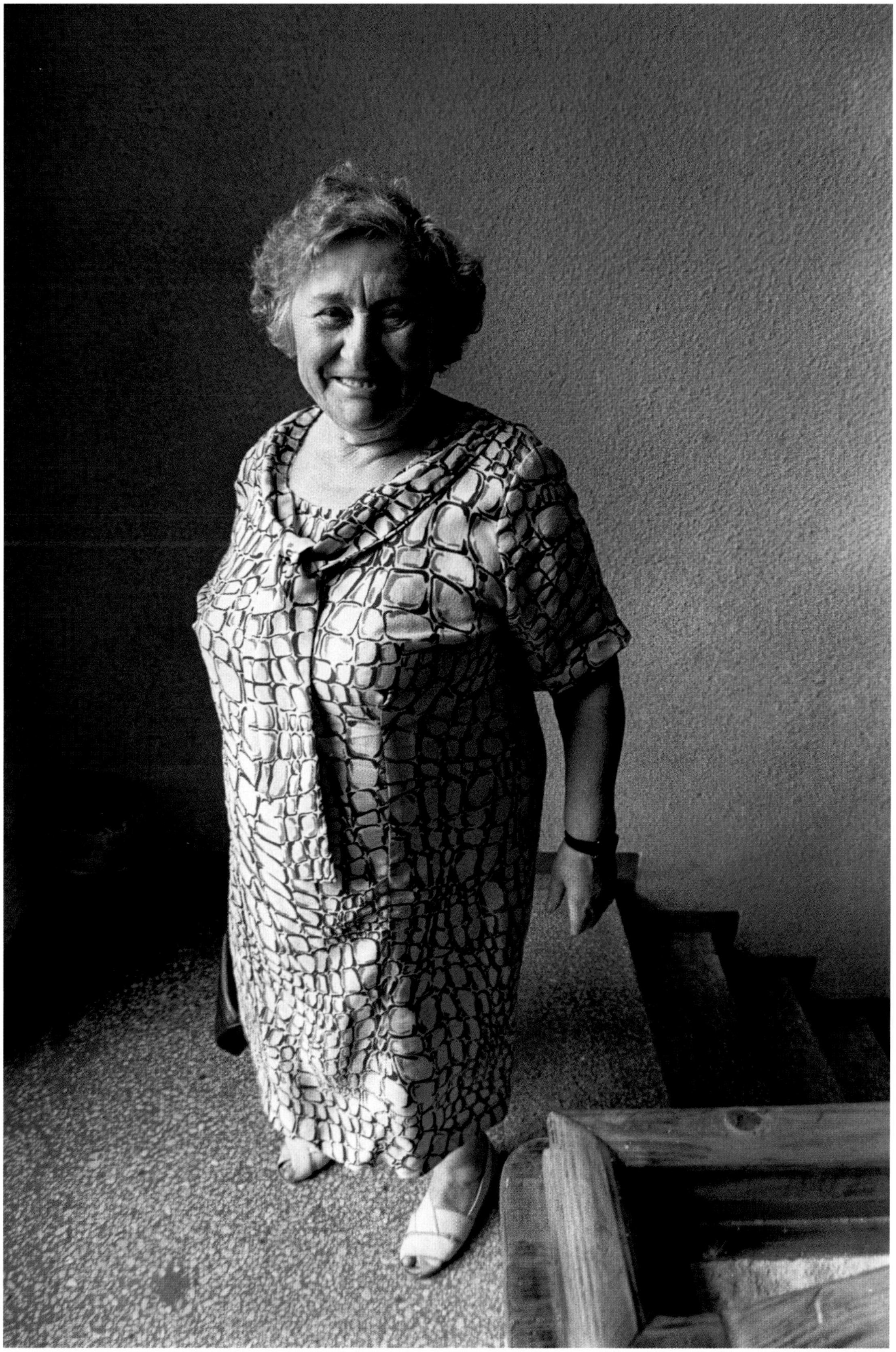

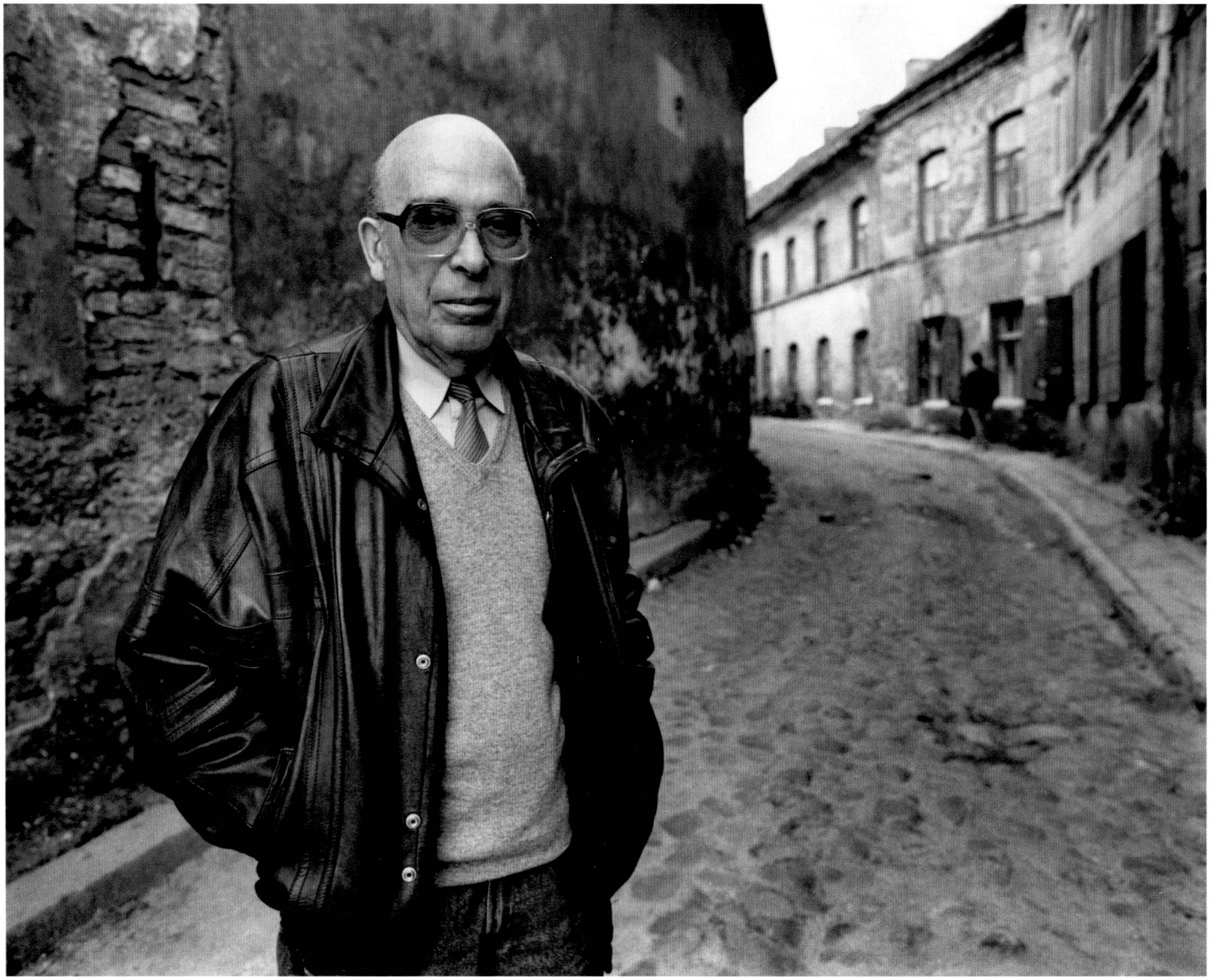

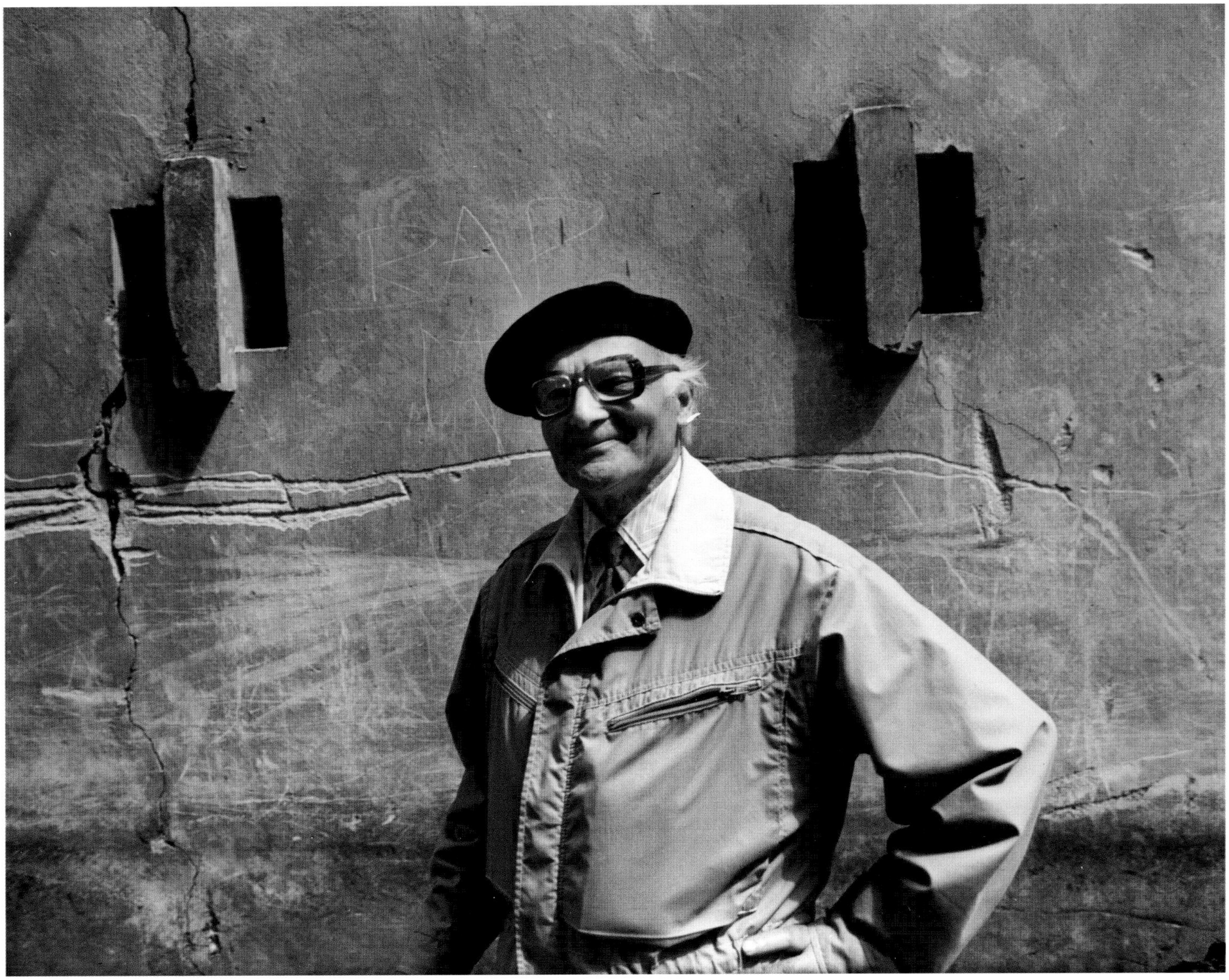

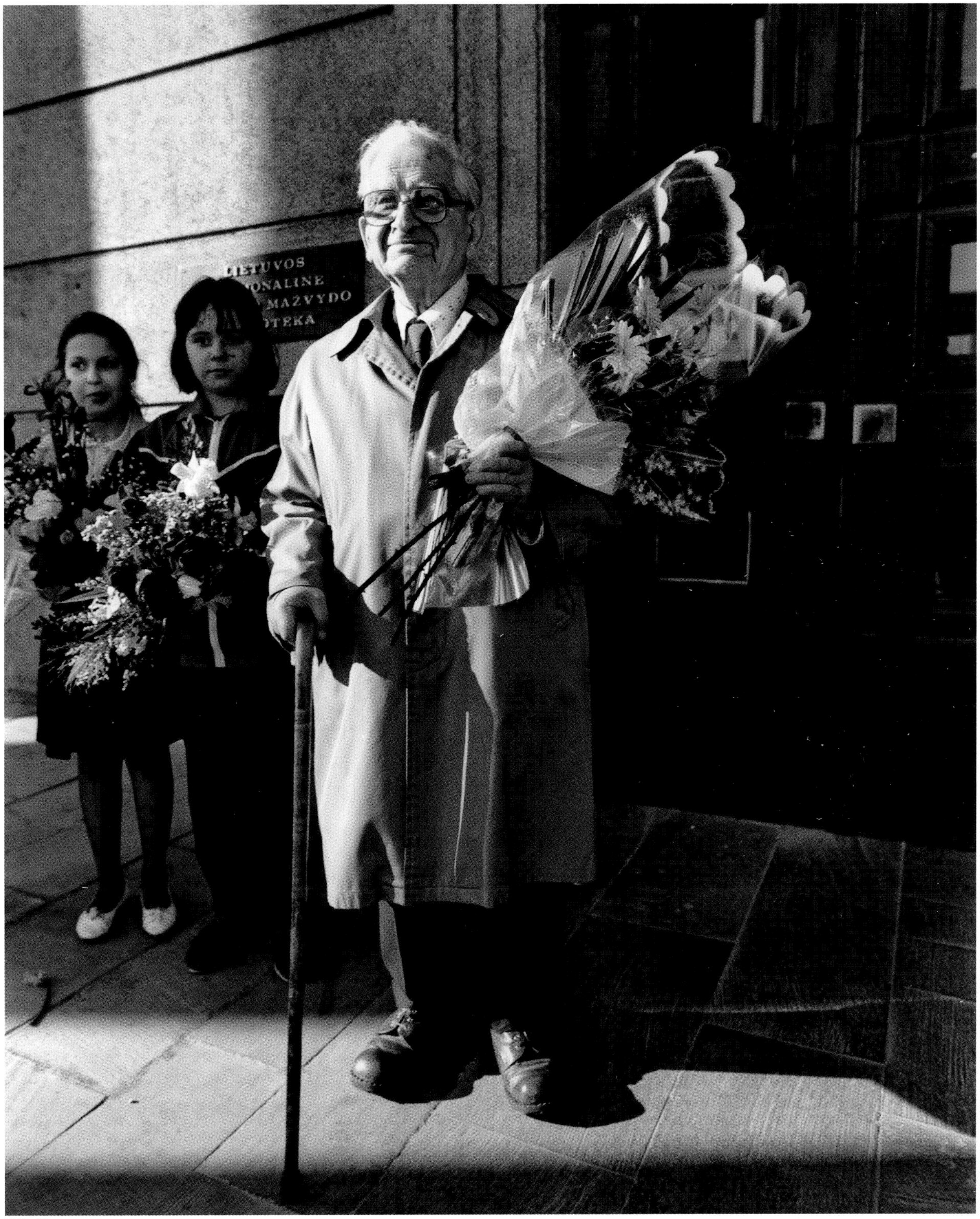
LIETUVOS
MAŽVYDO

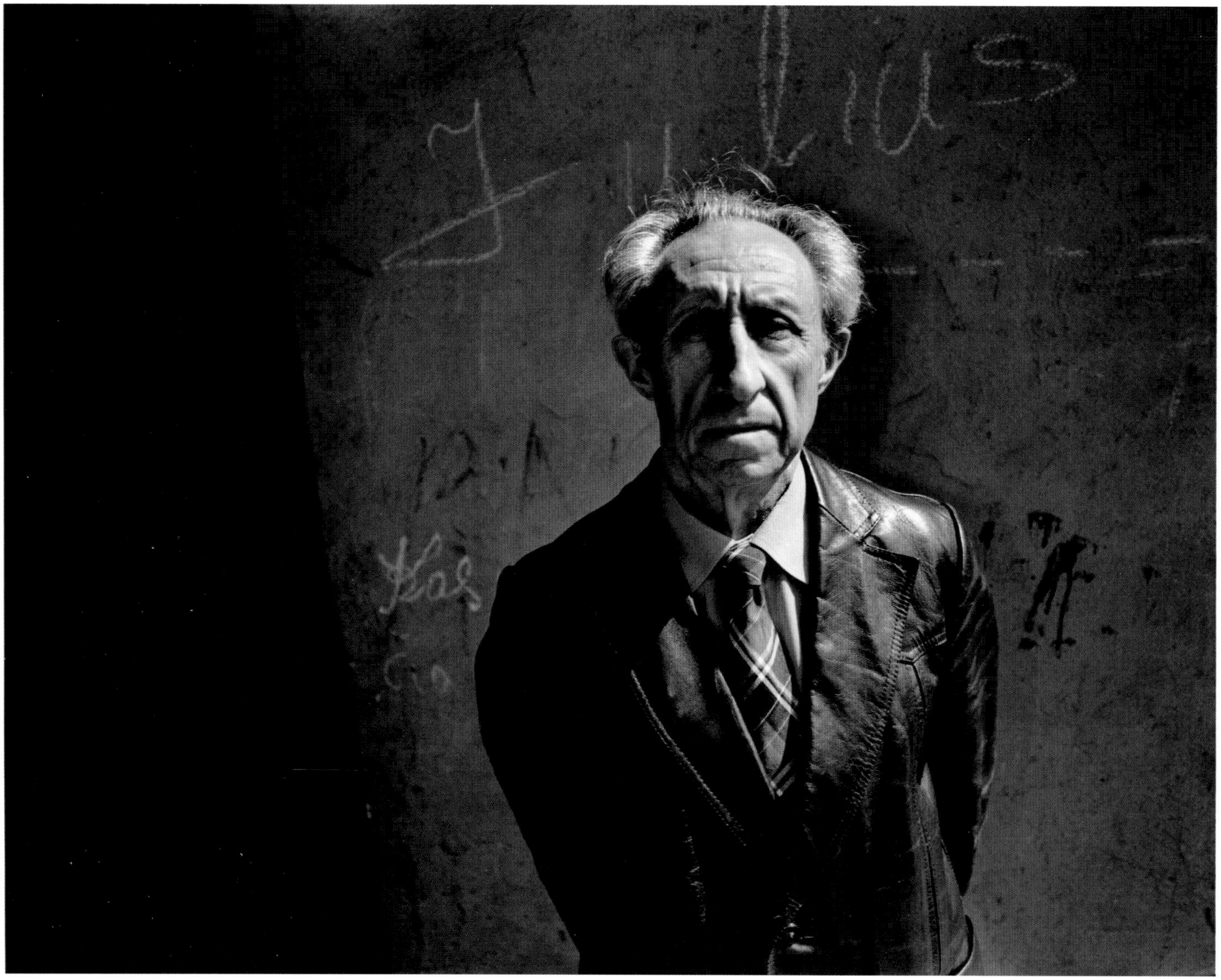

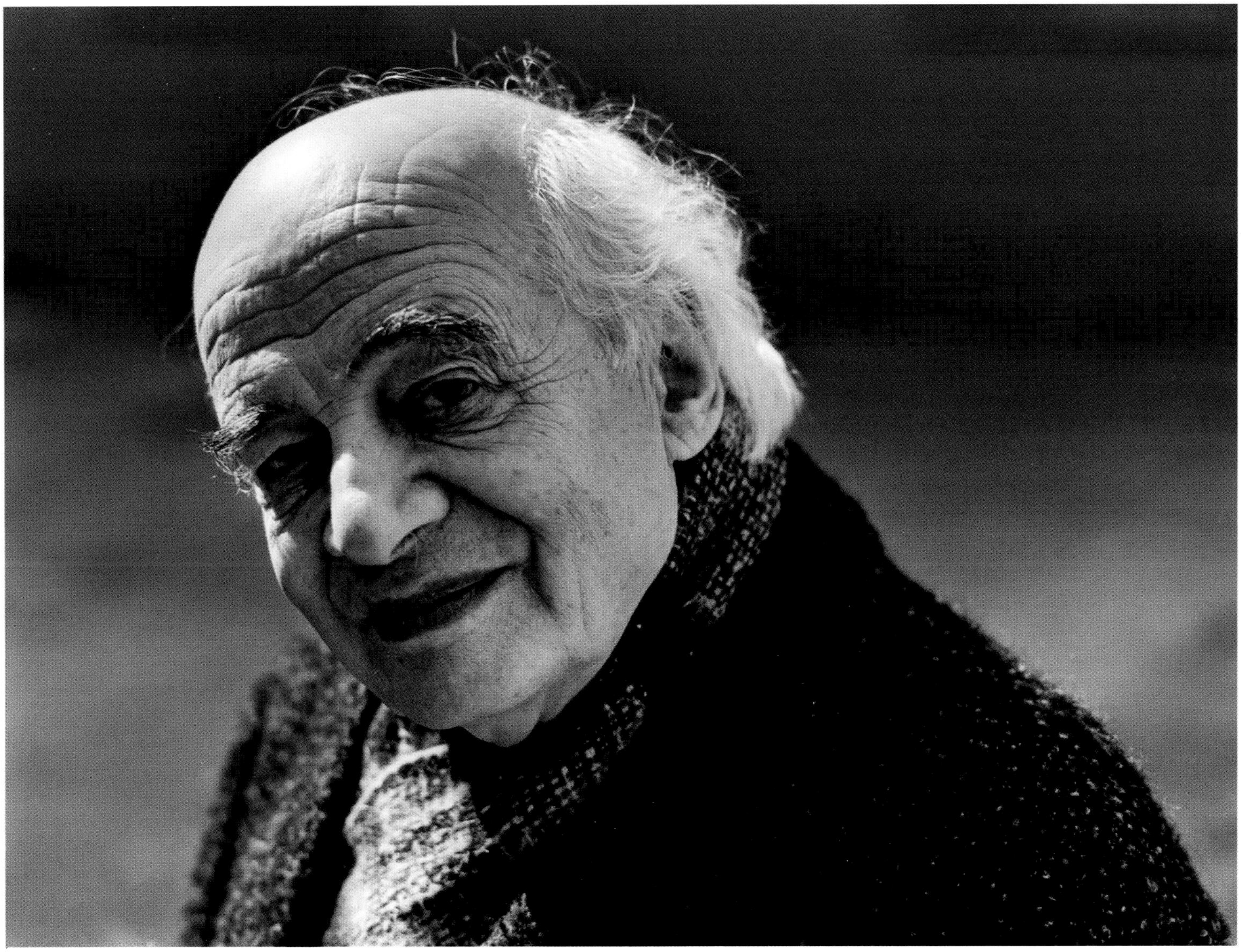

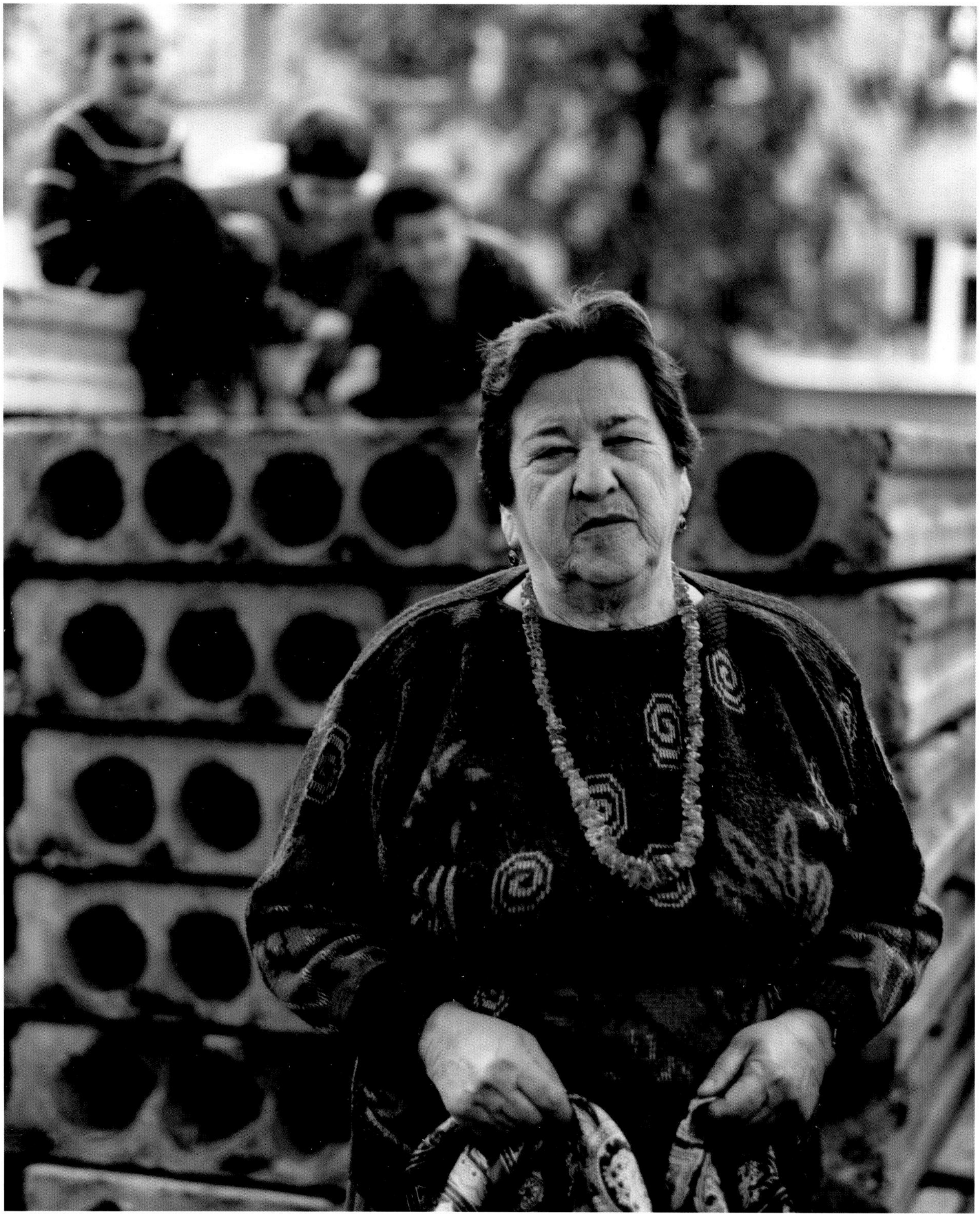

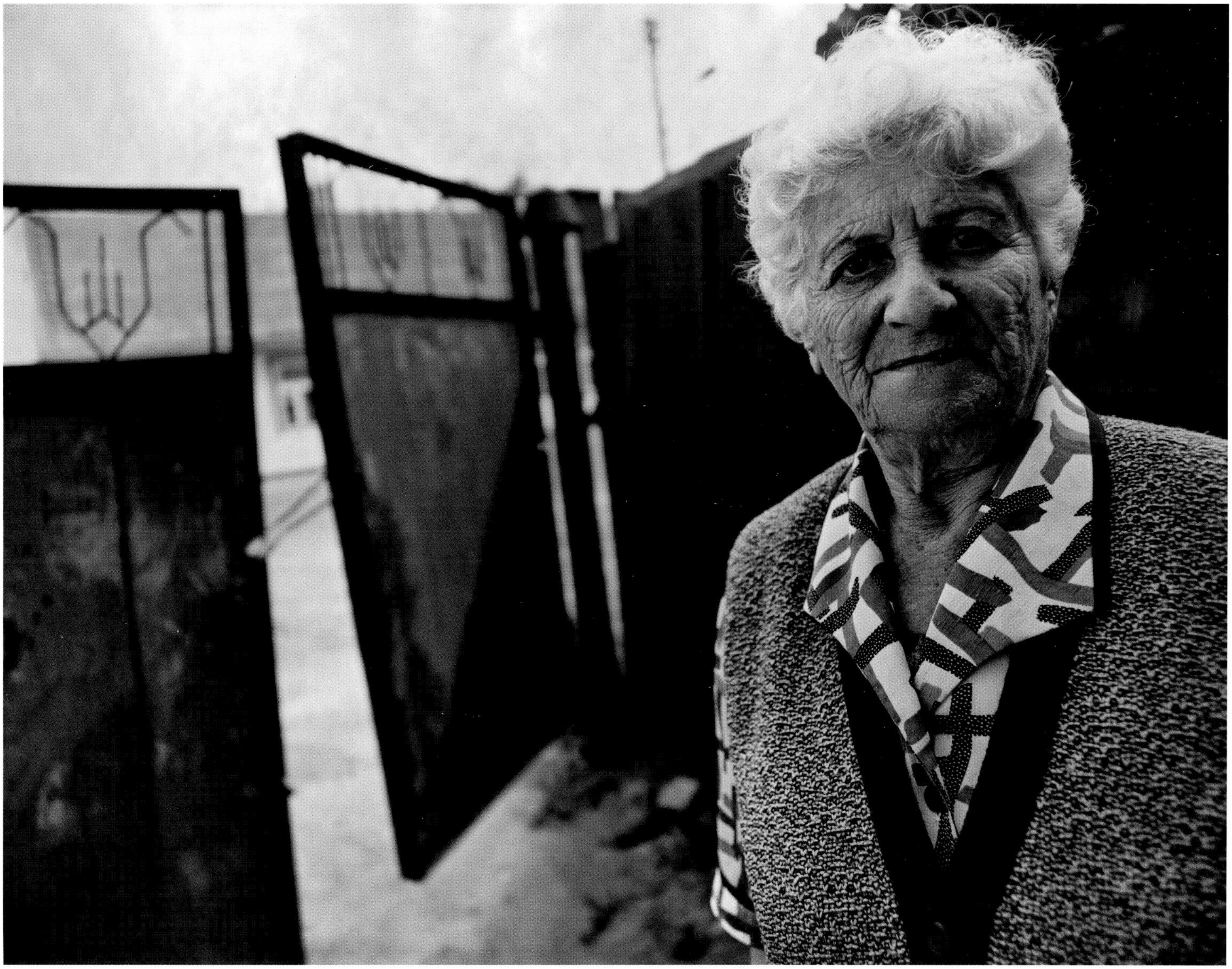

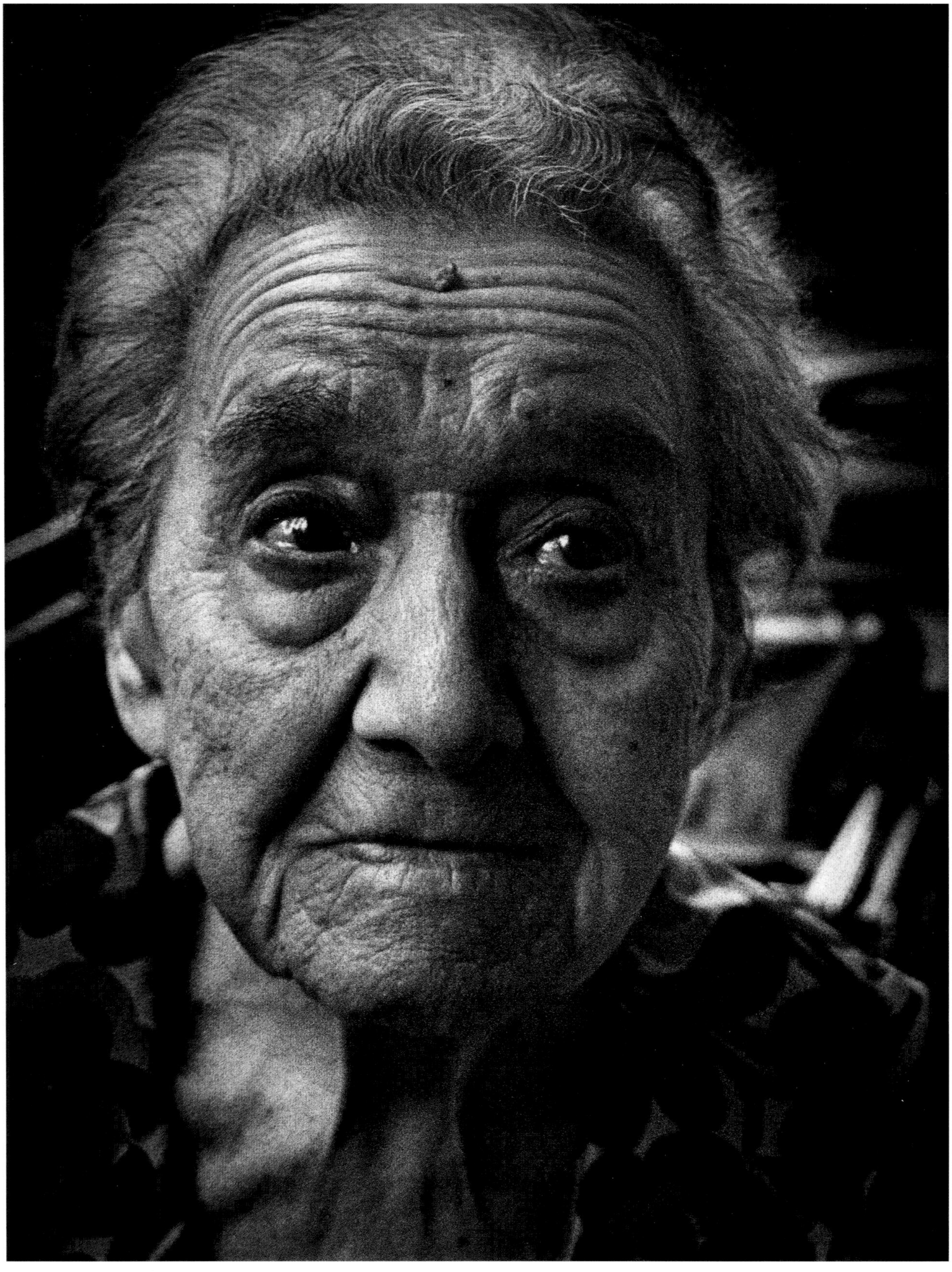

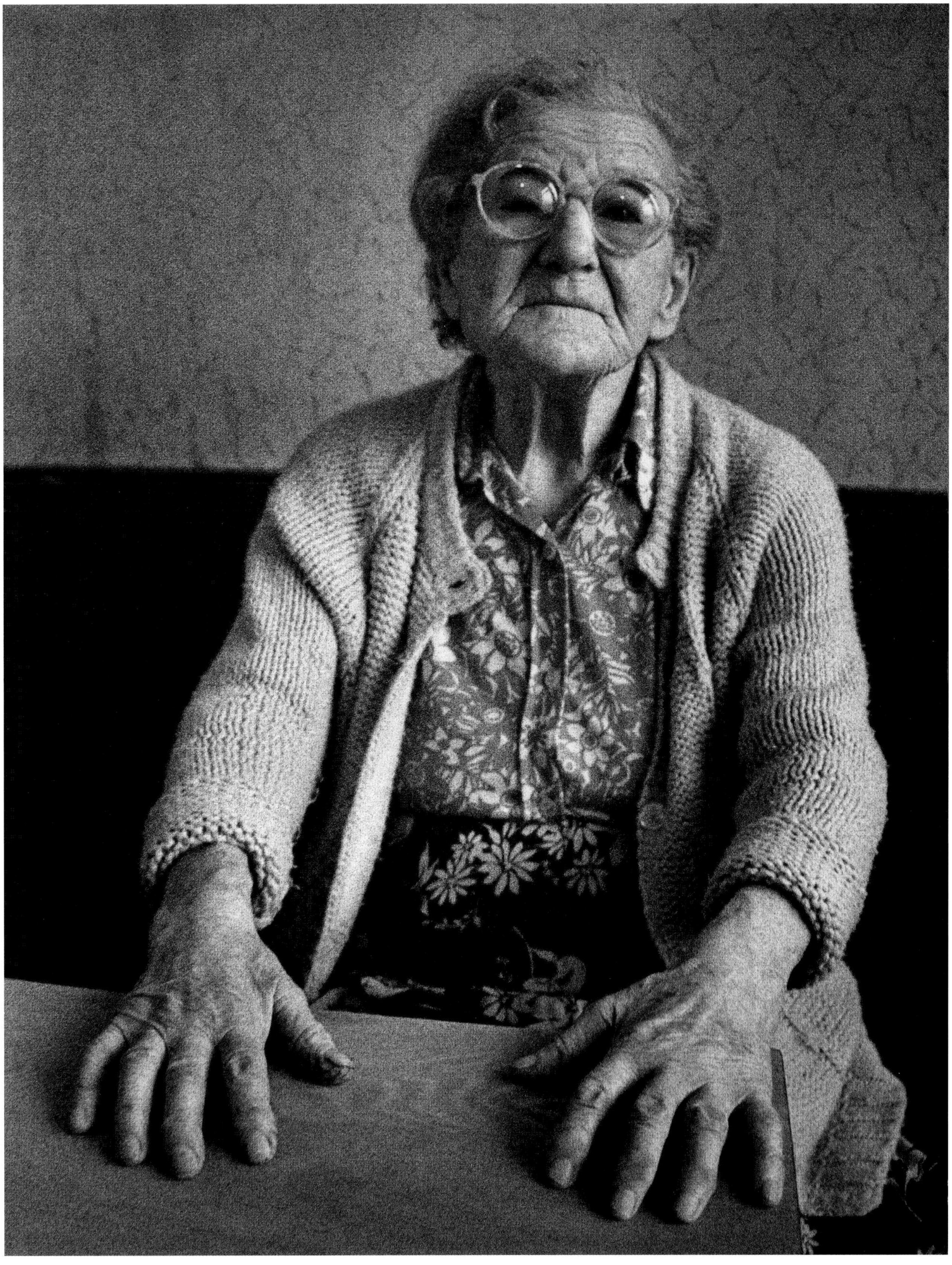

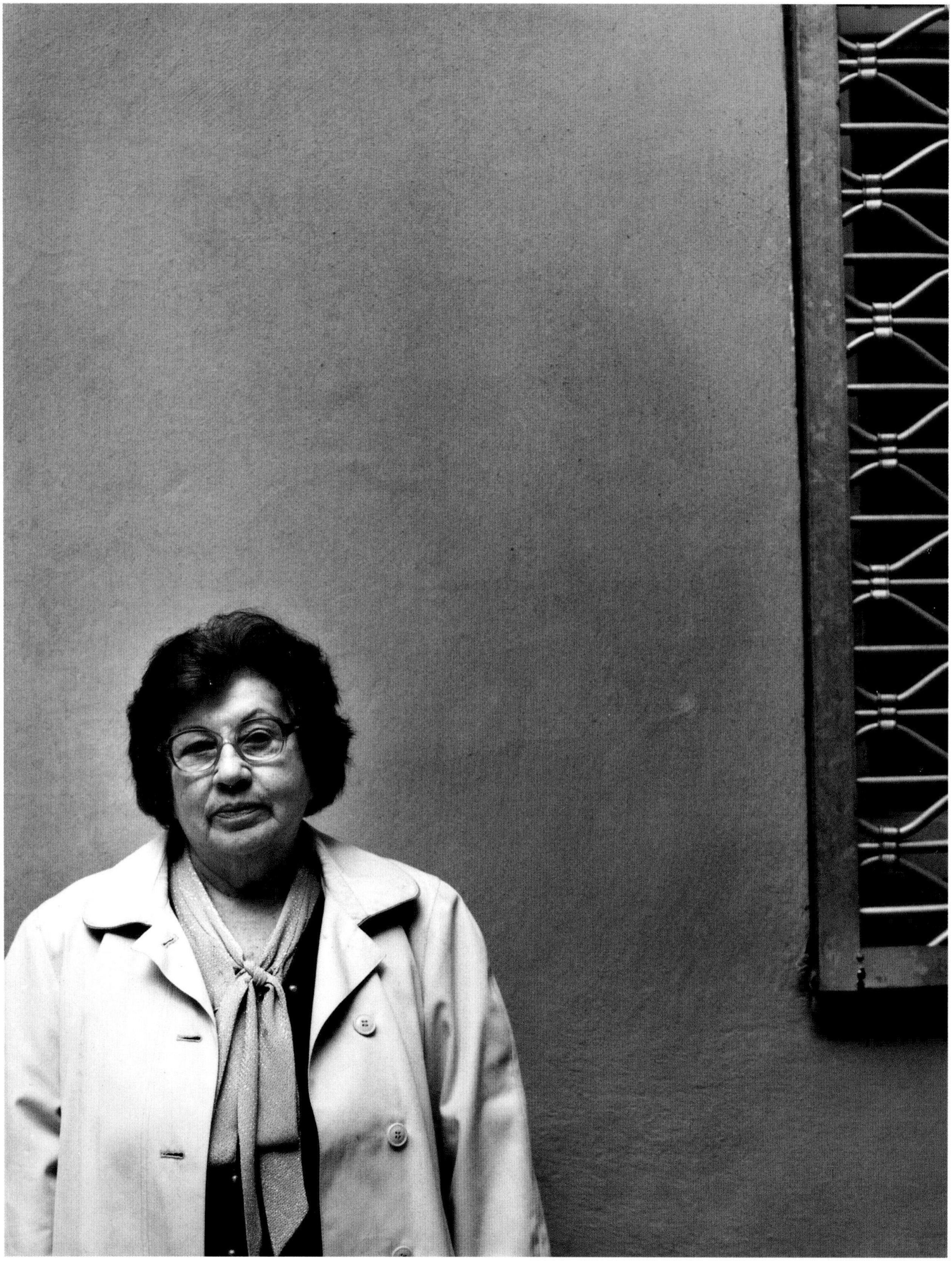

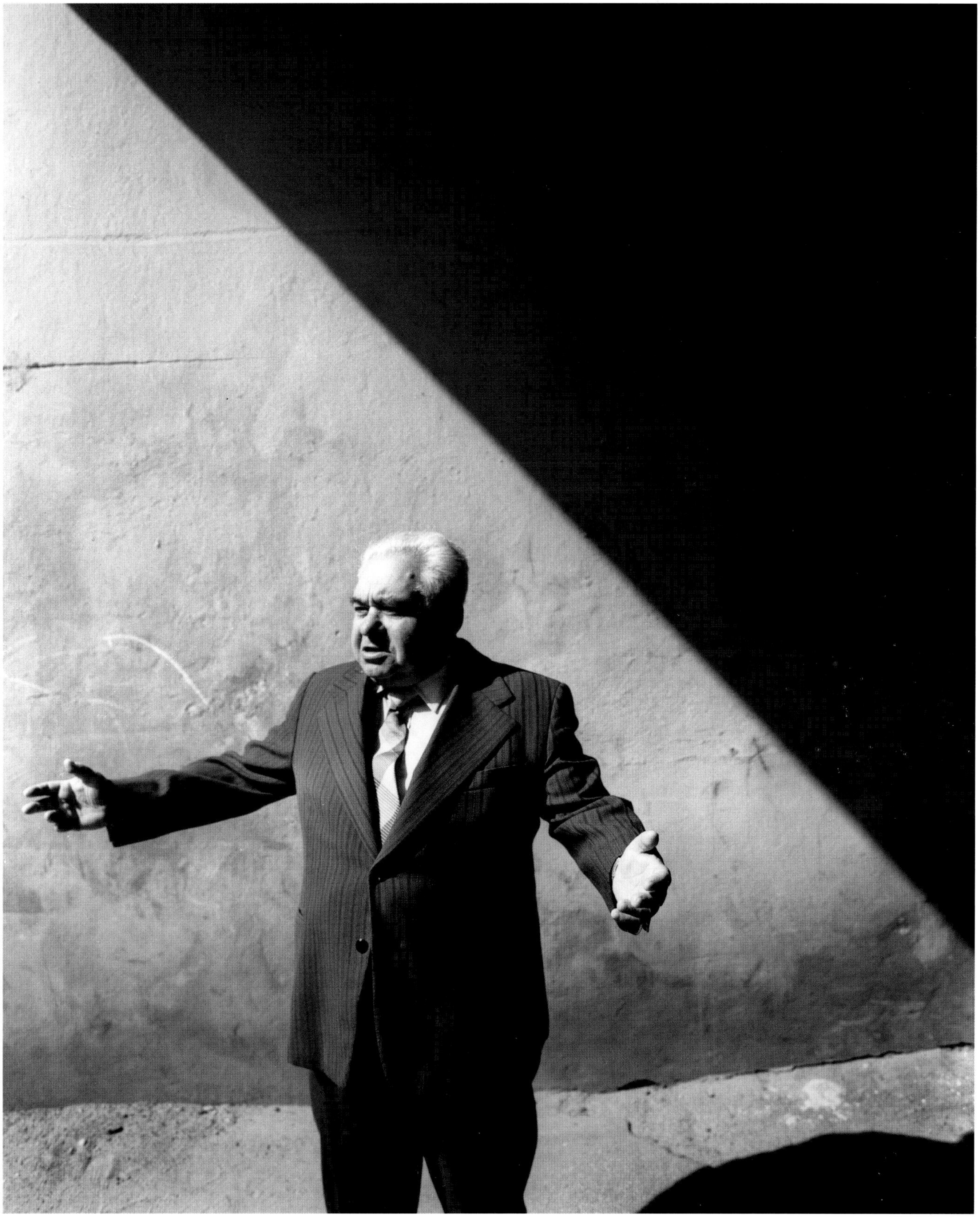

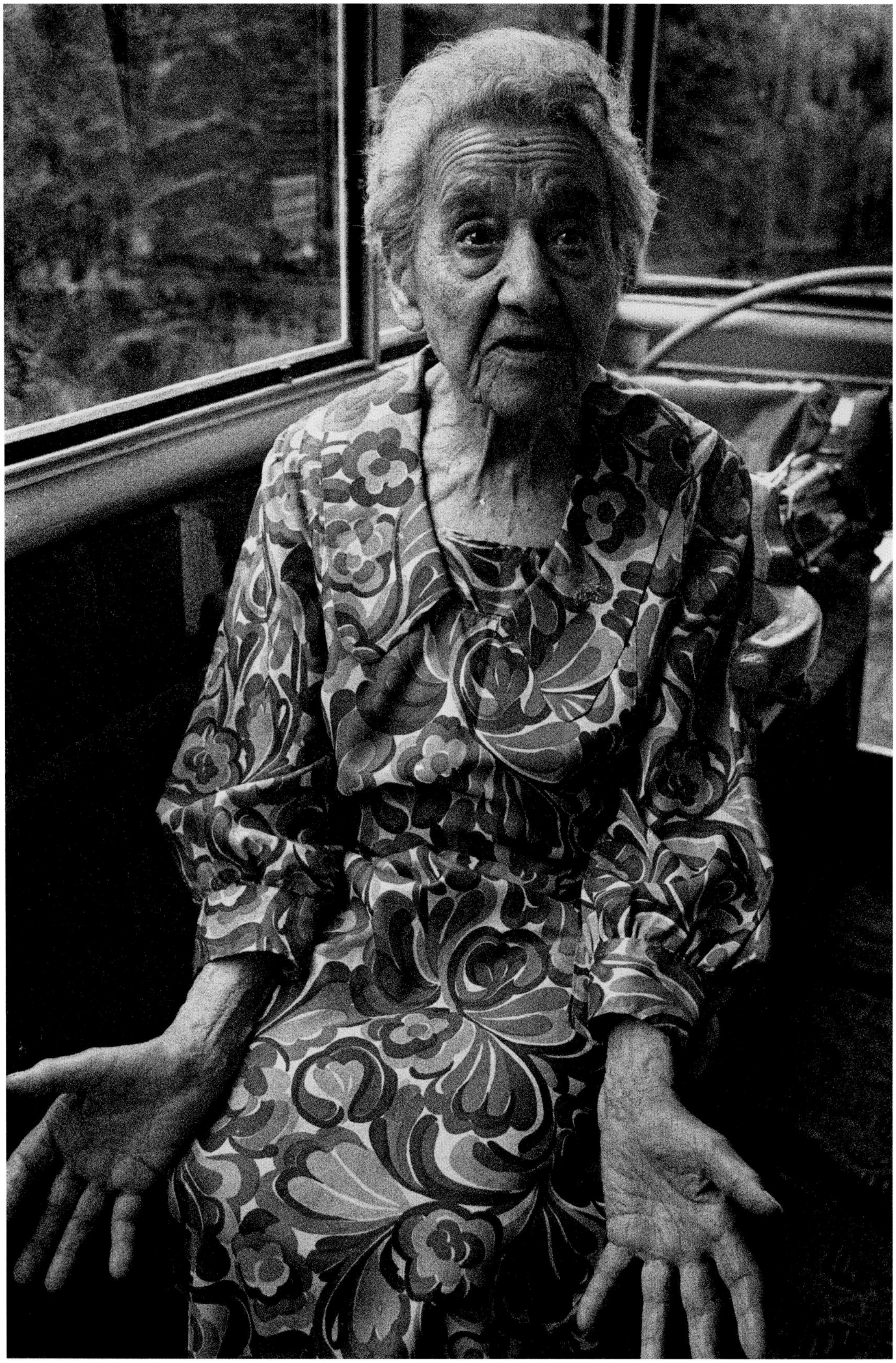

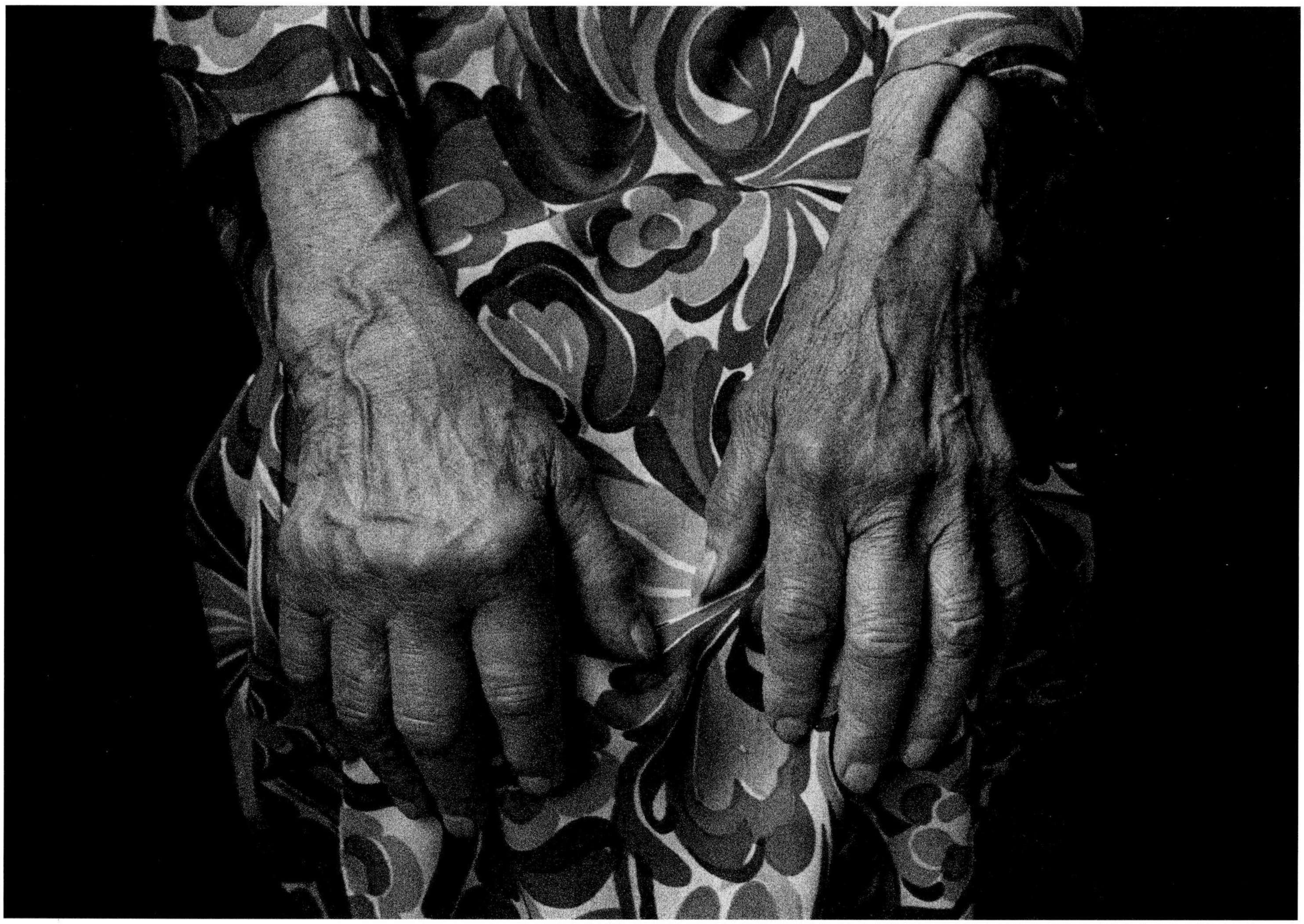

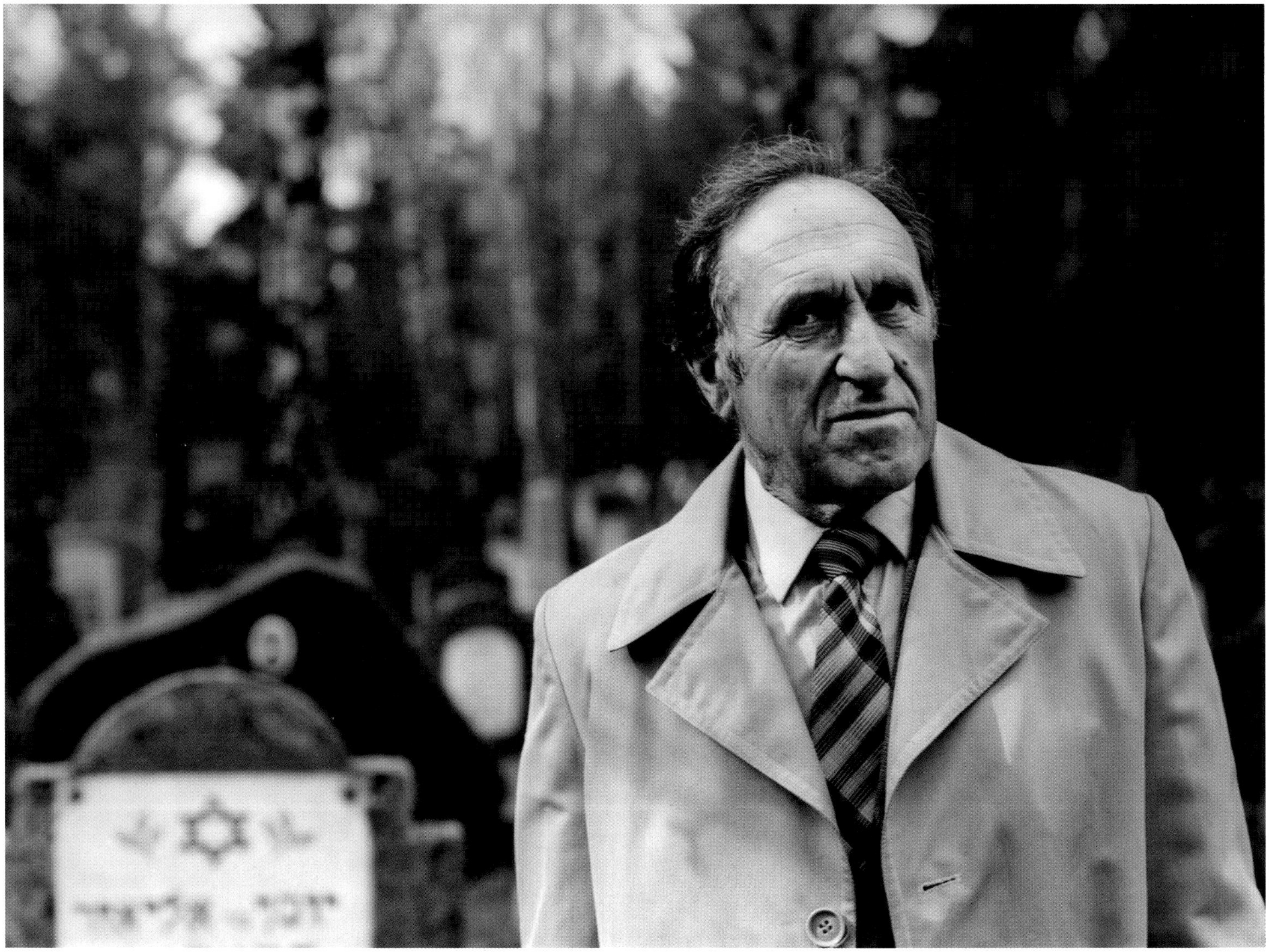

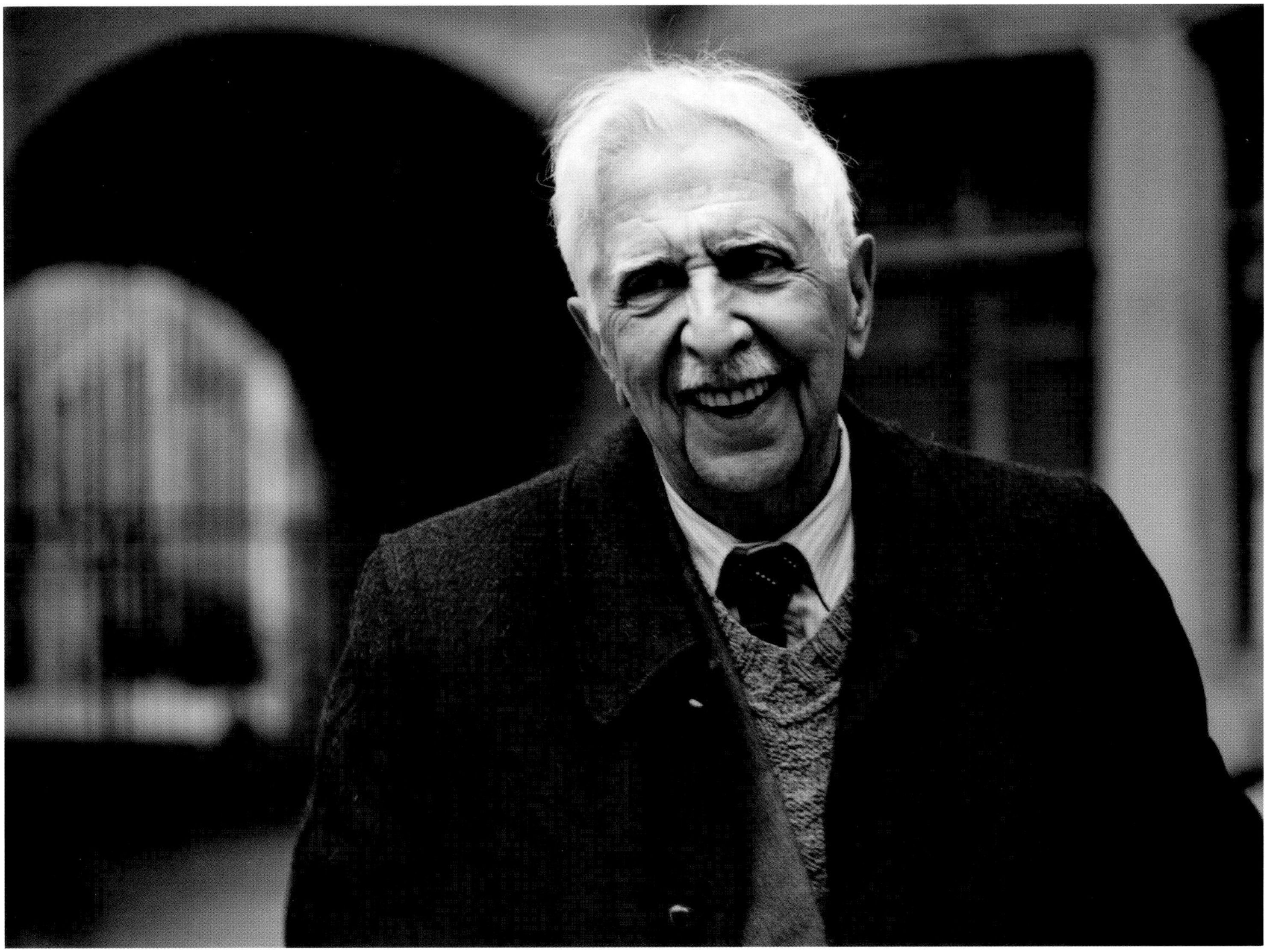

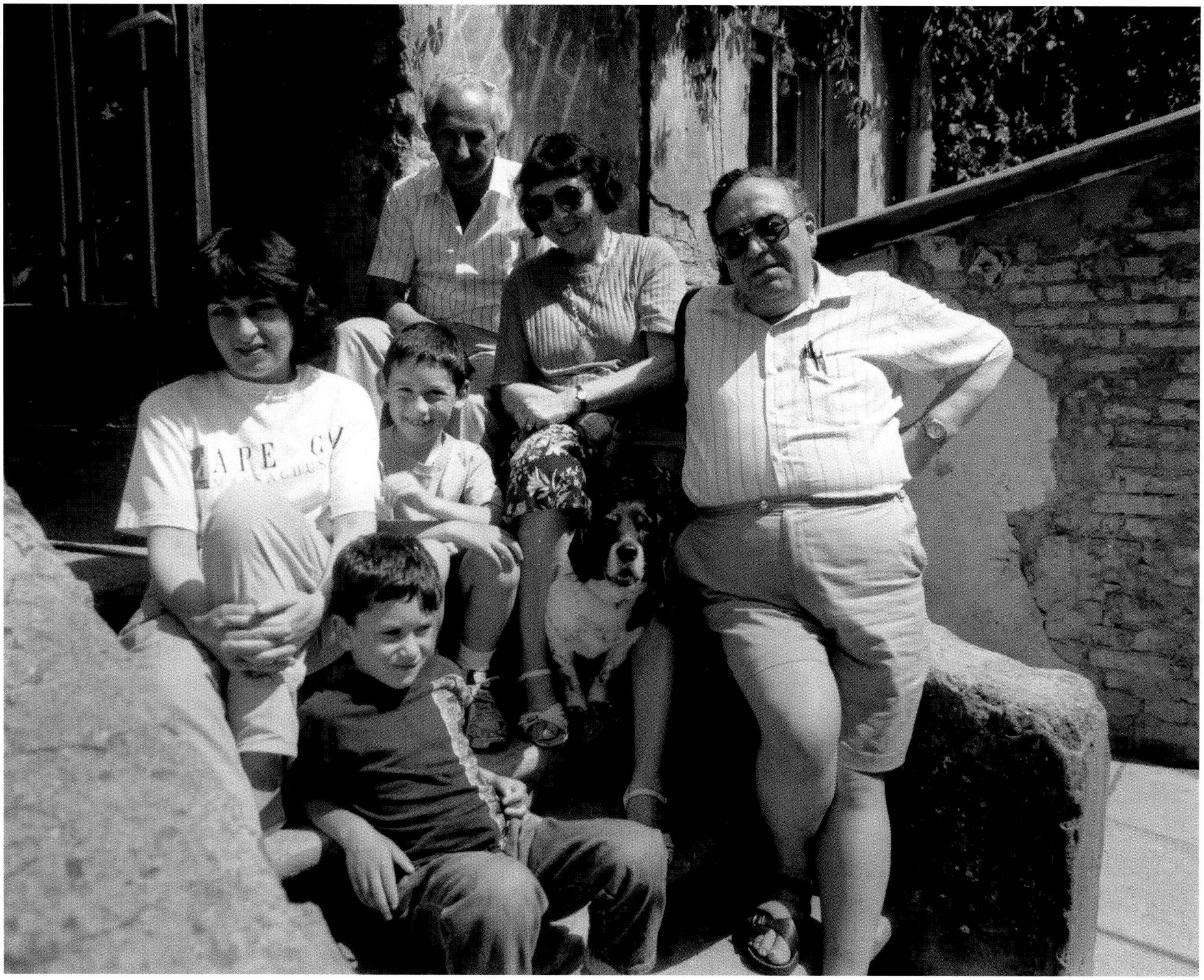

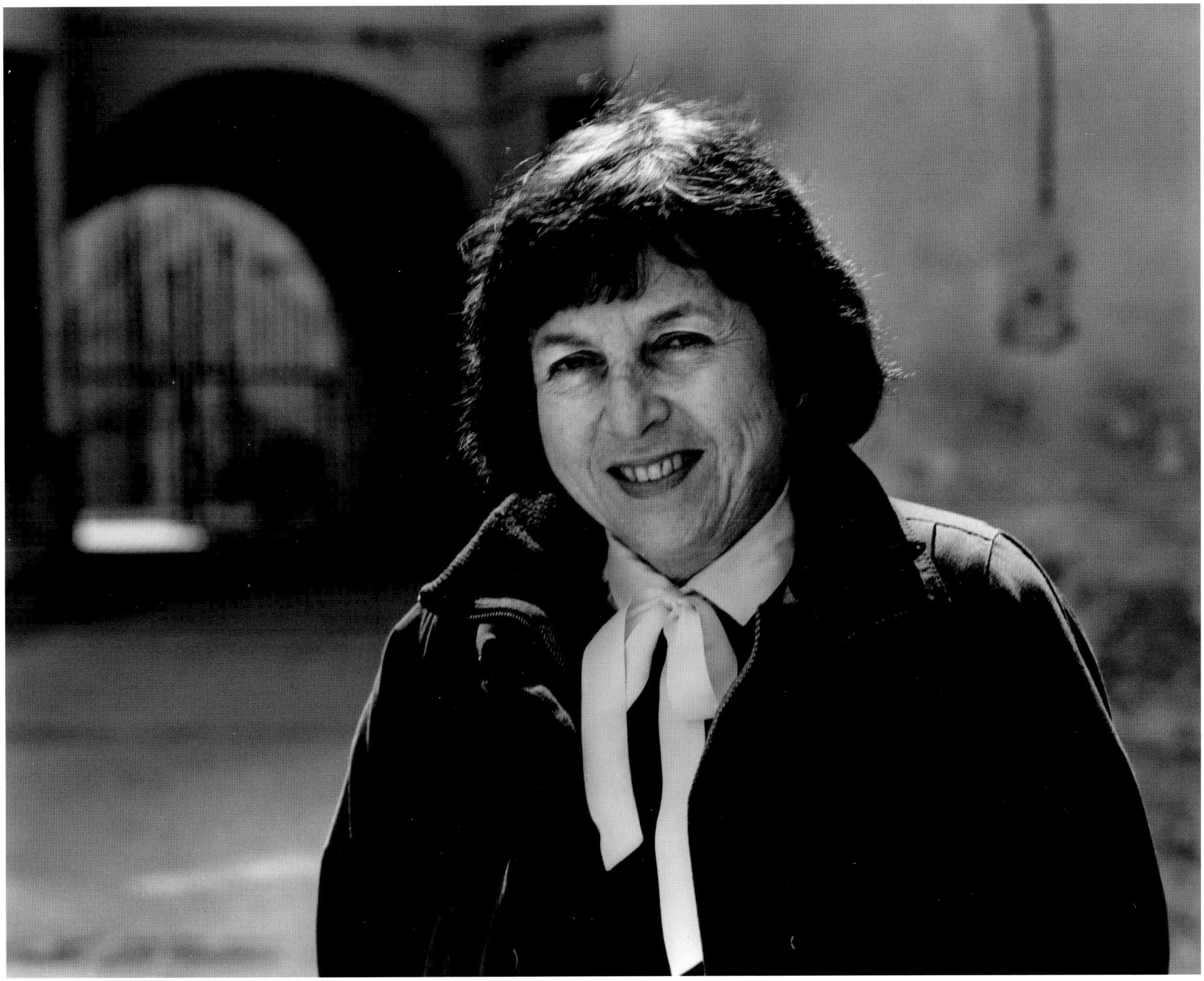

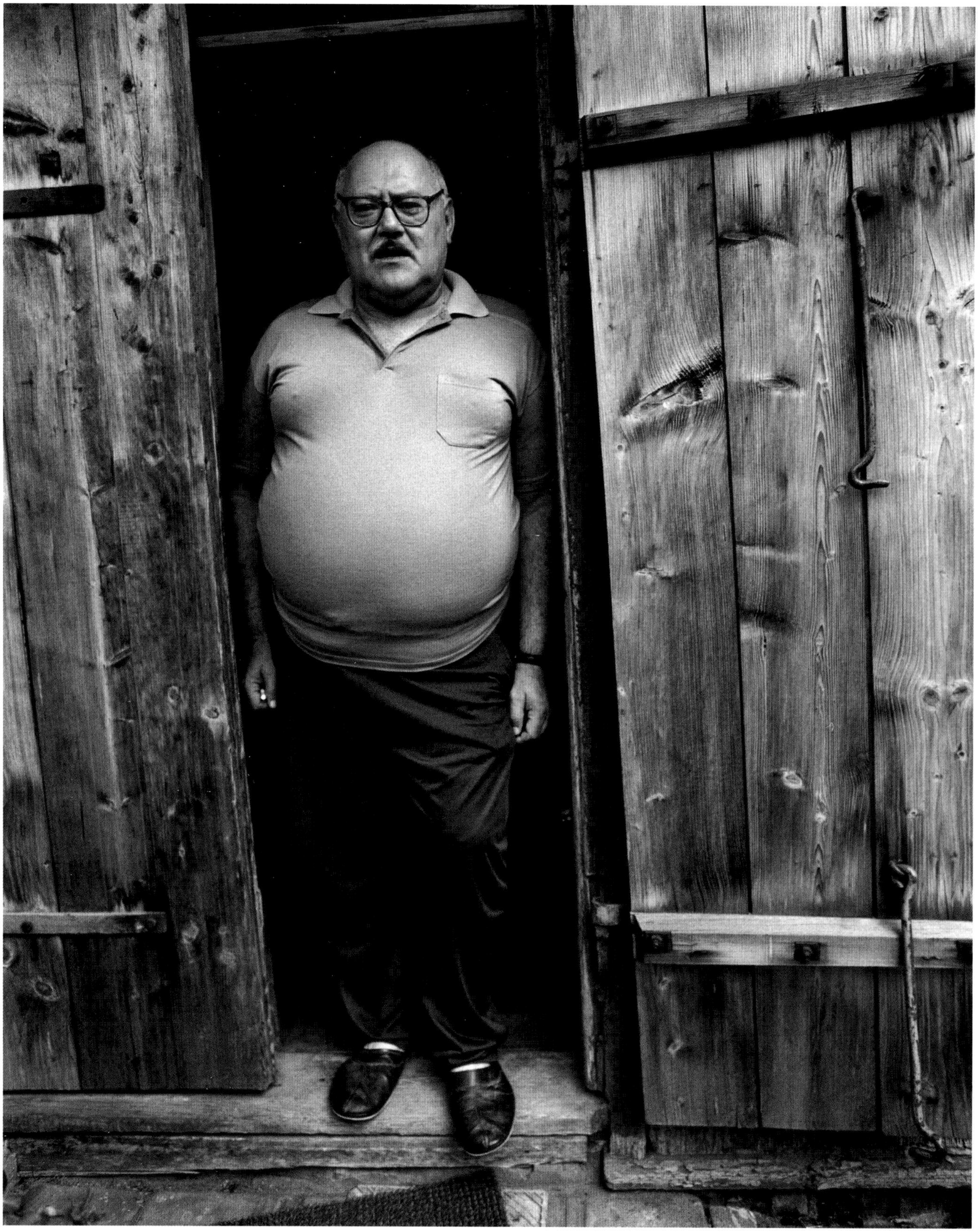

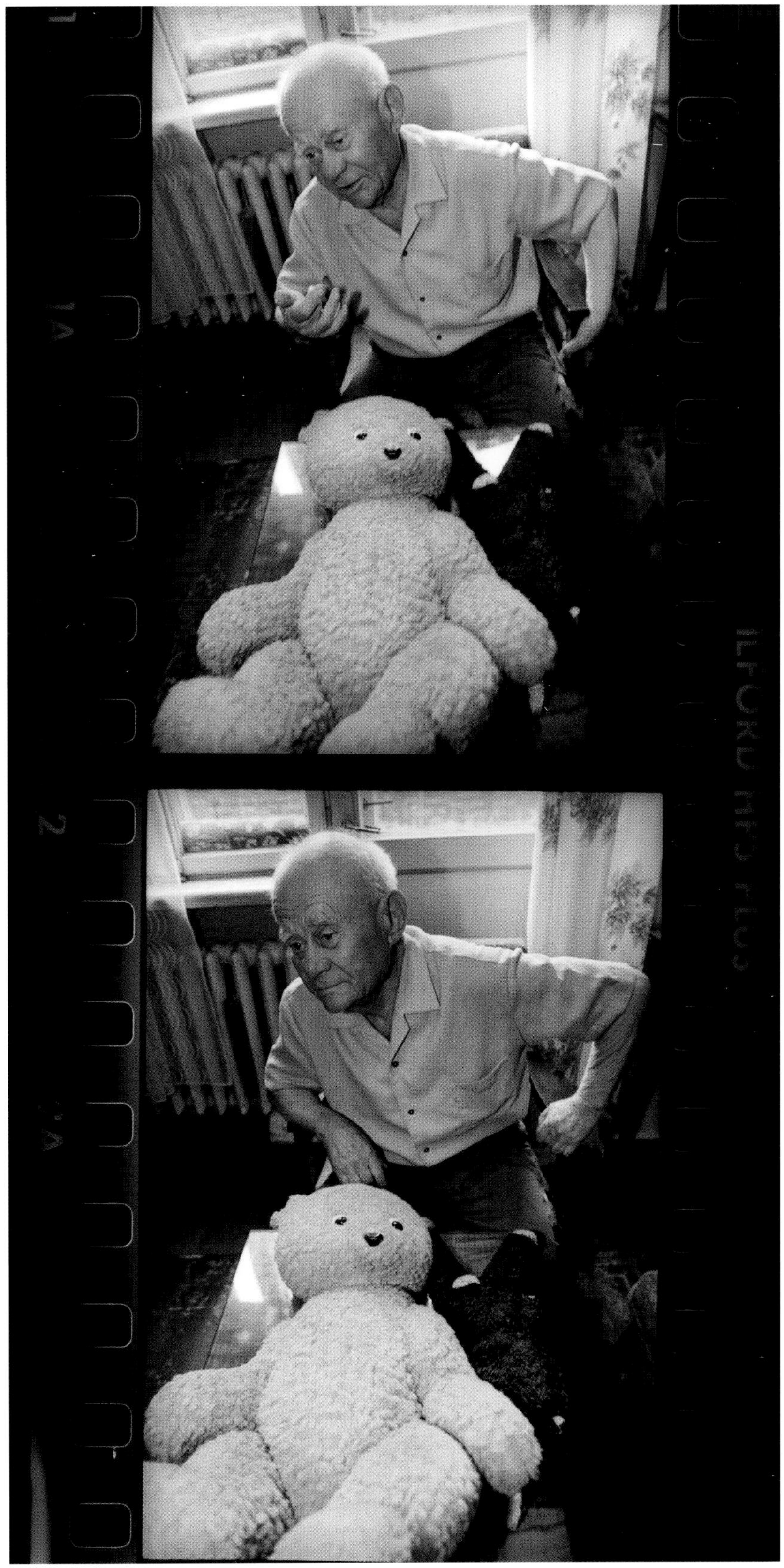

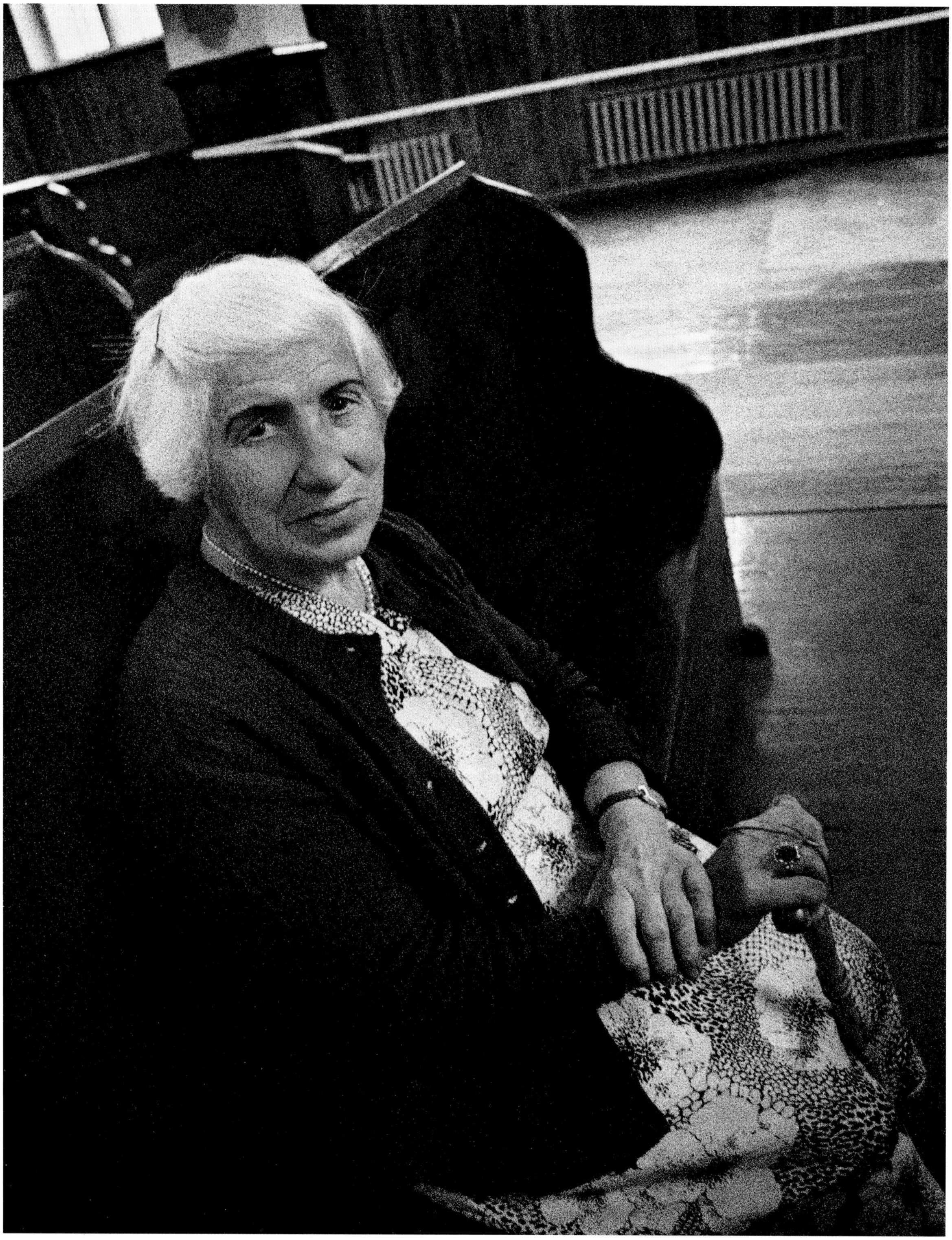

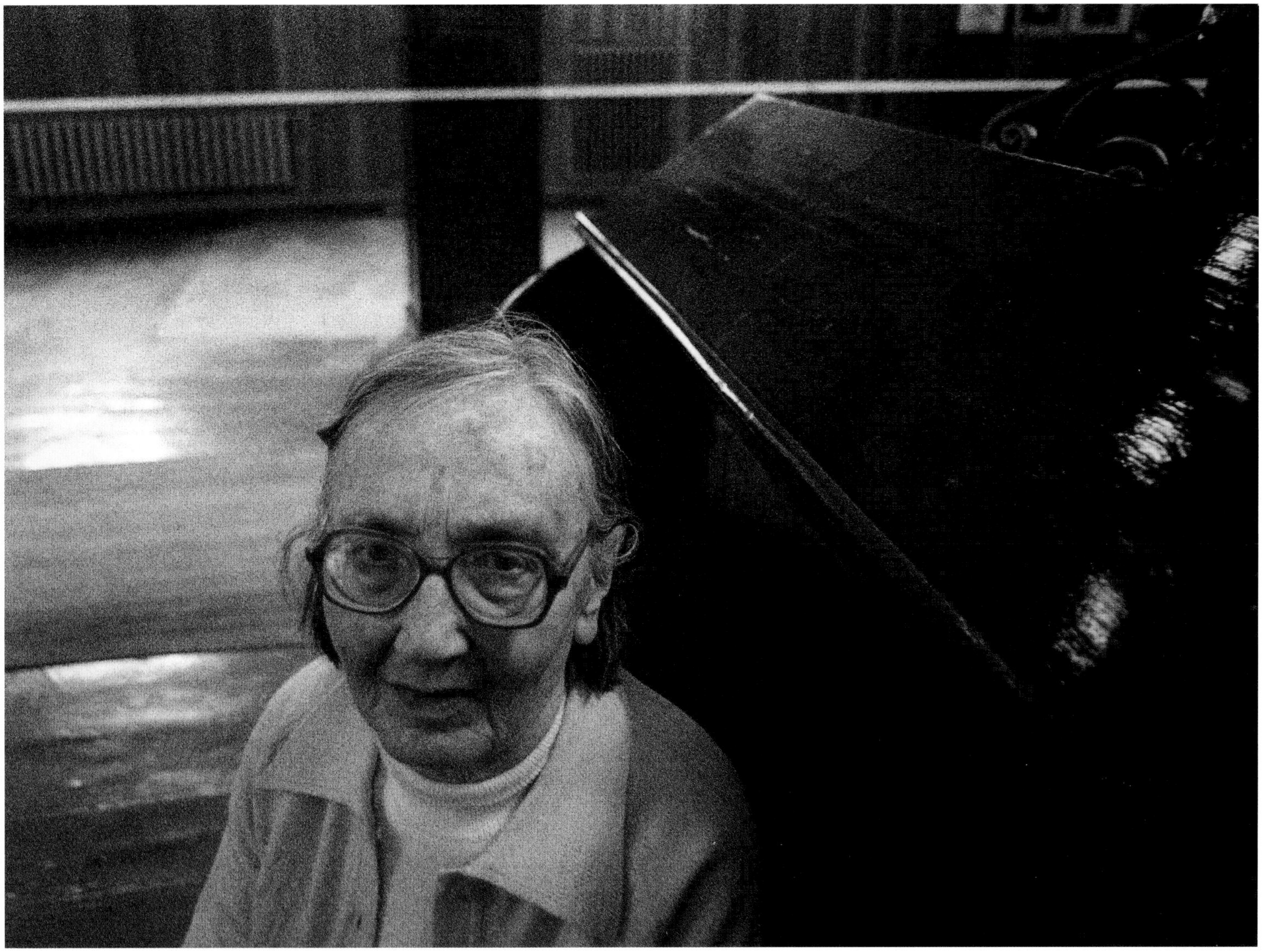

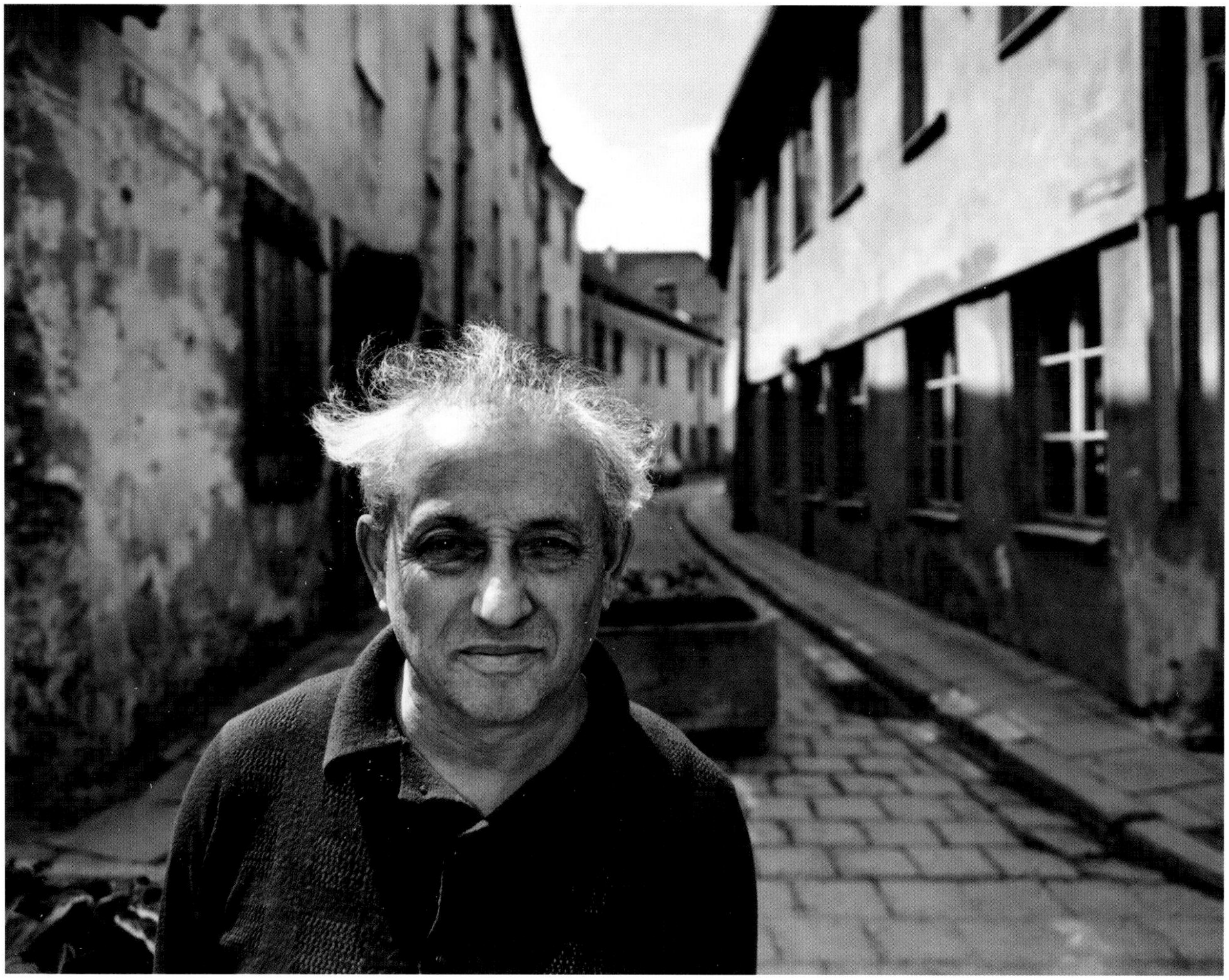

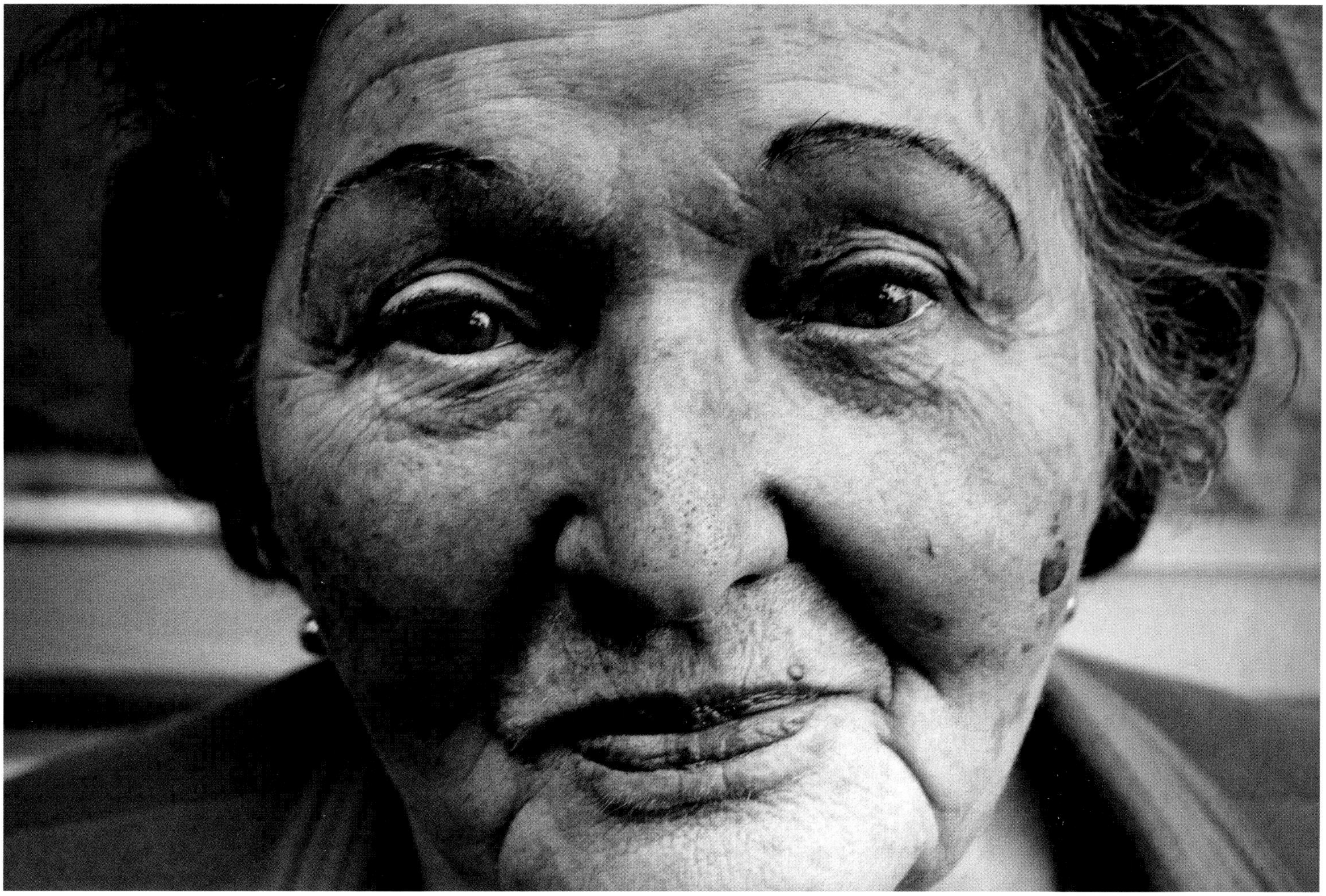

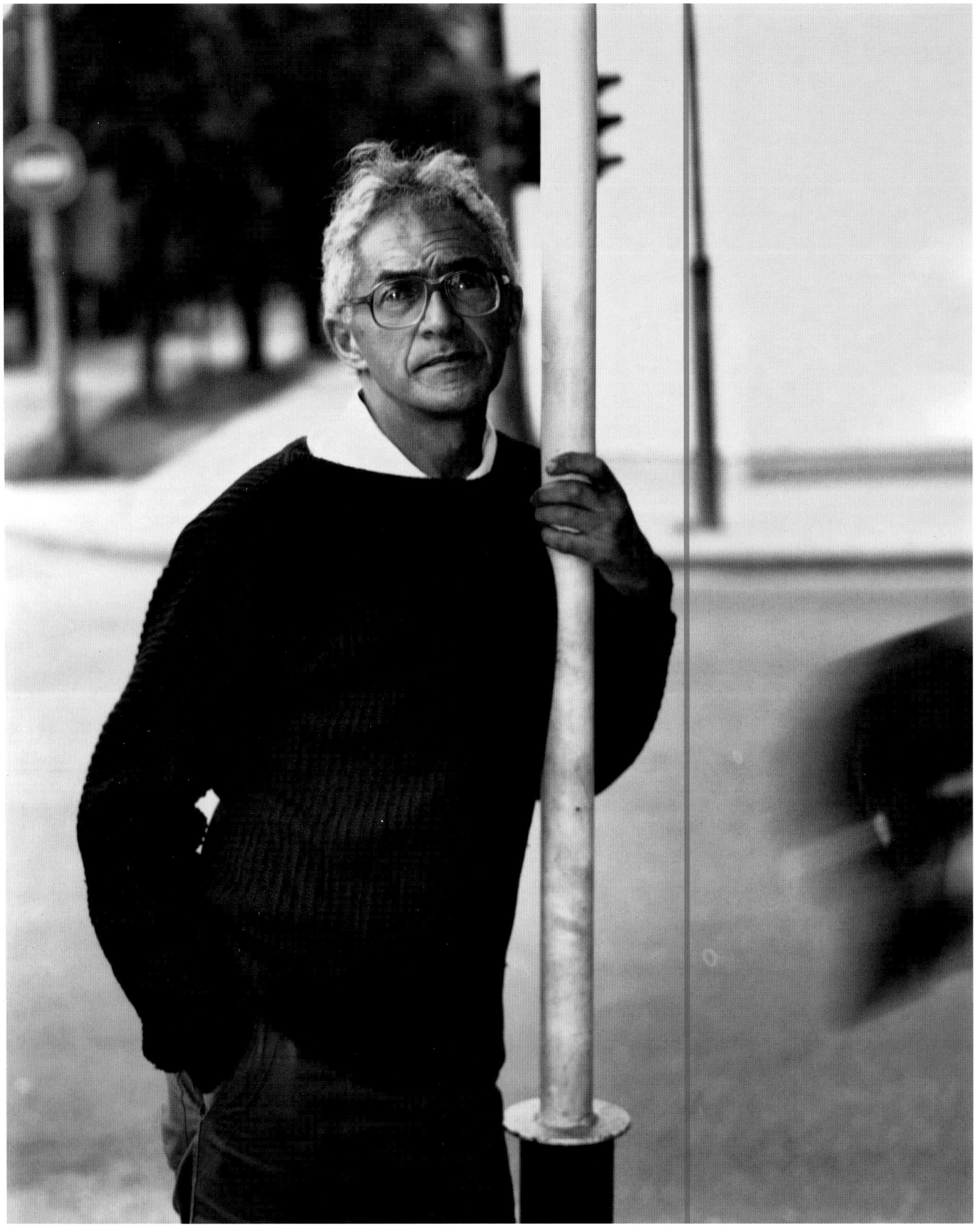

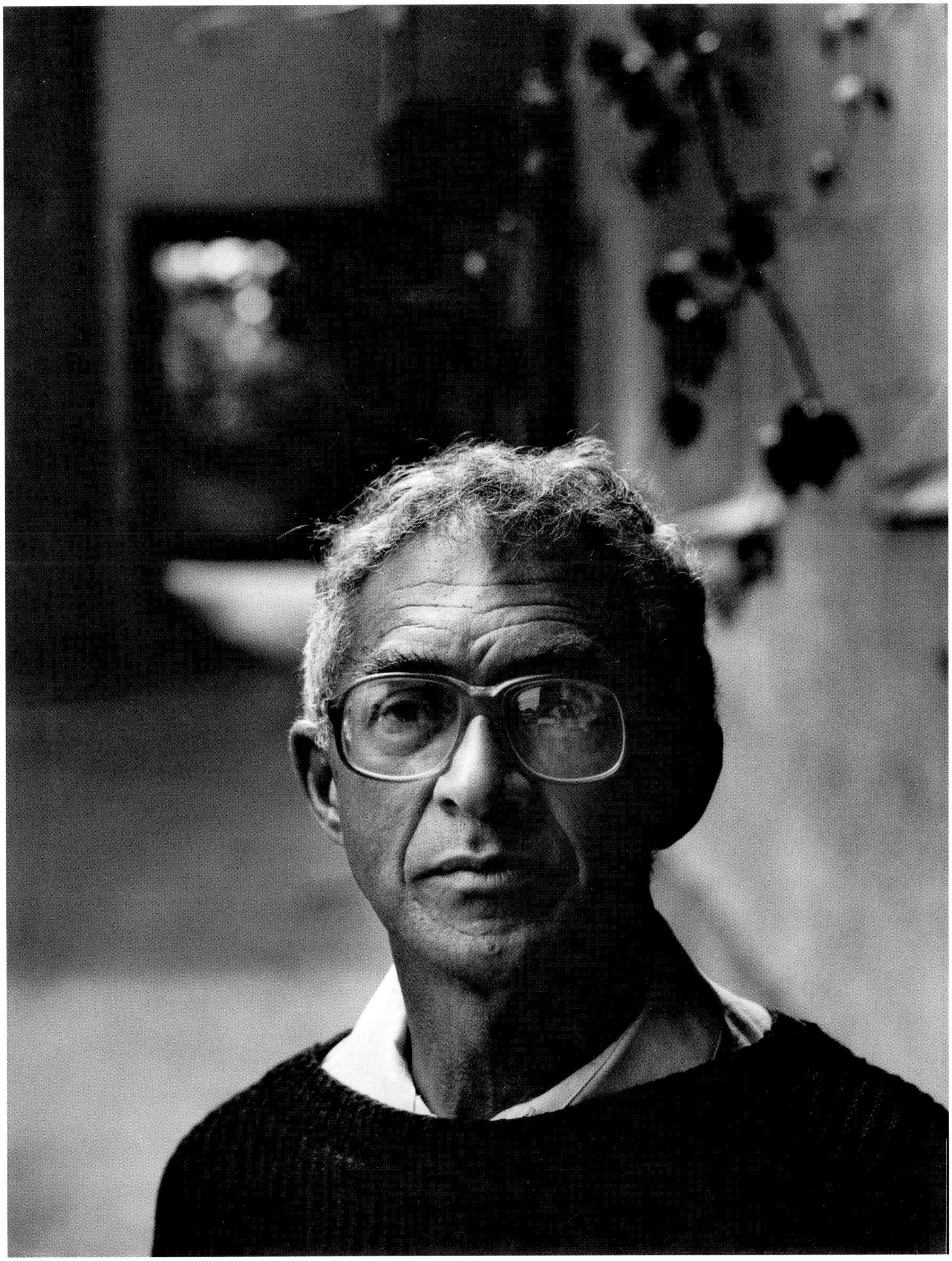

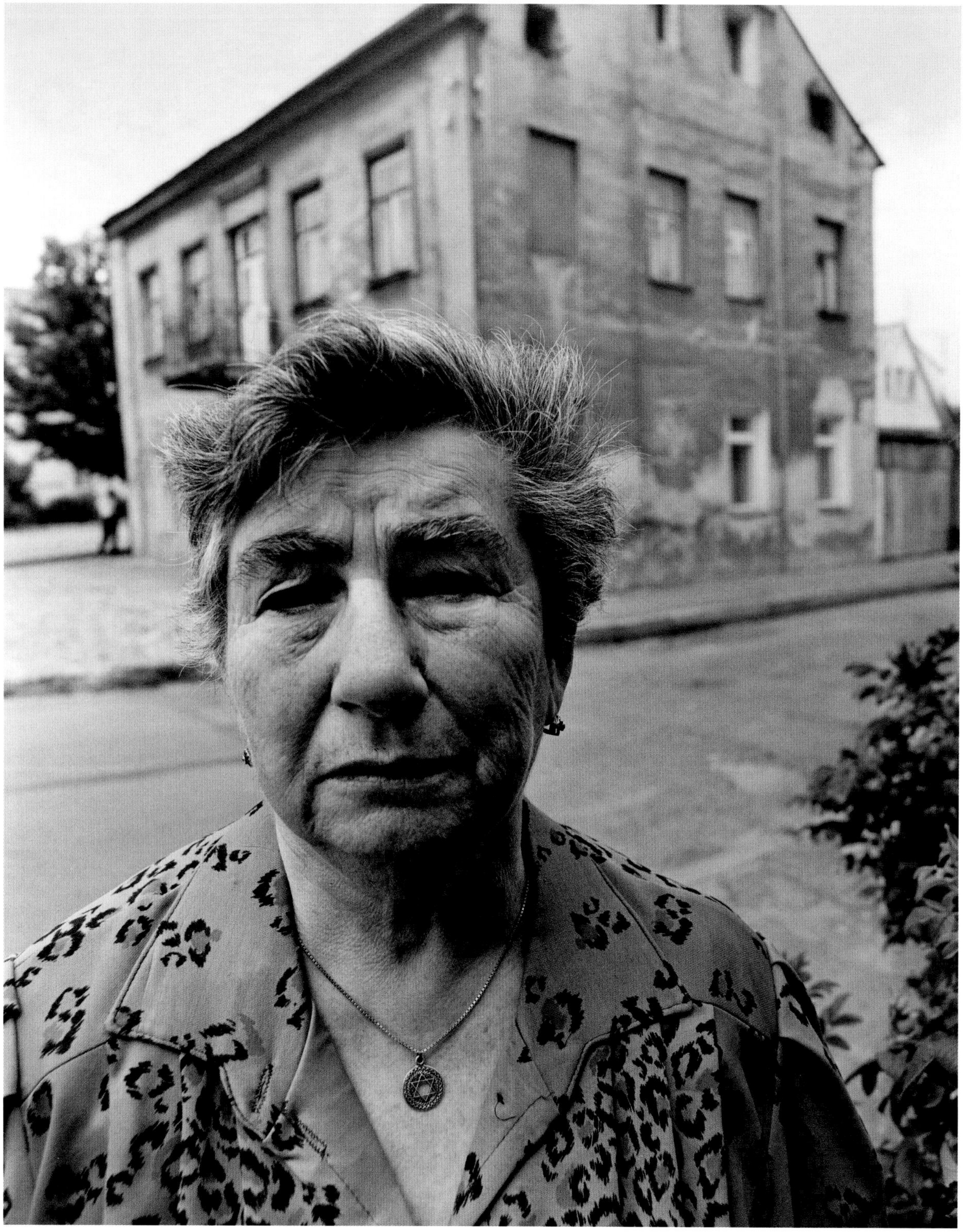

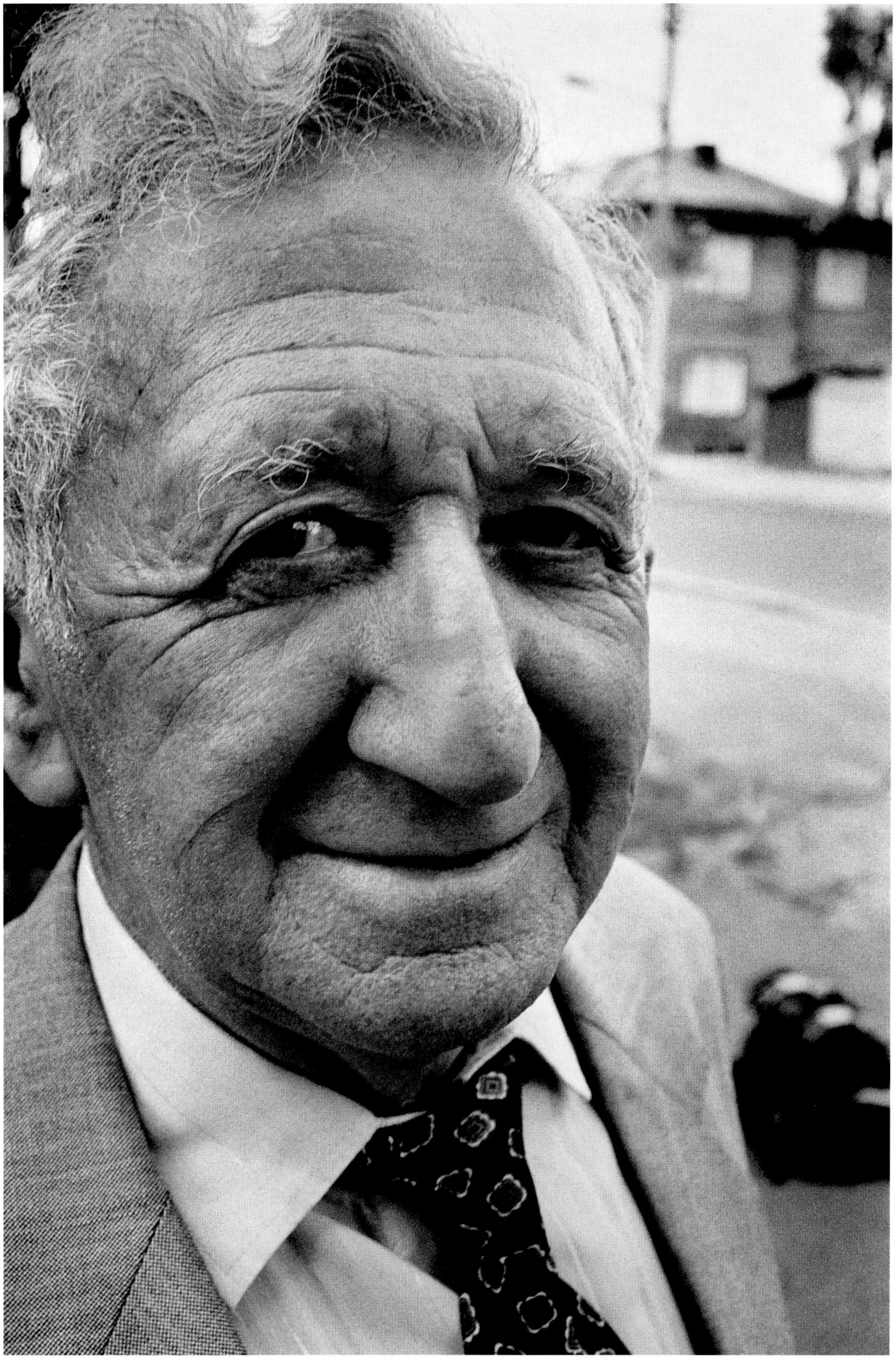

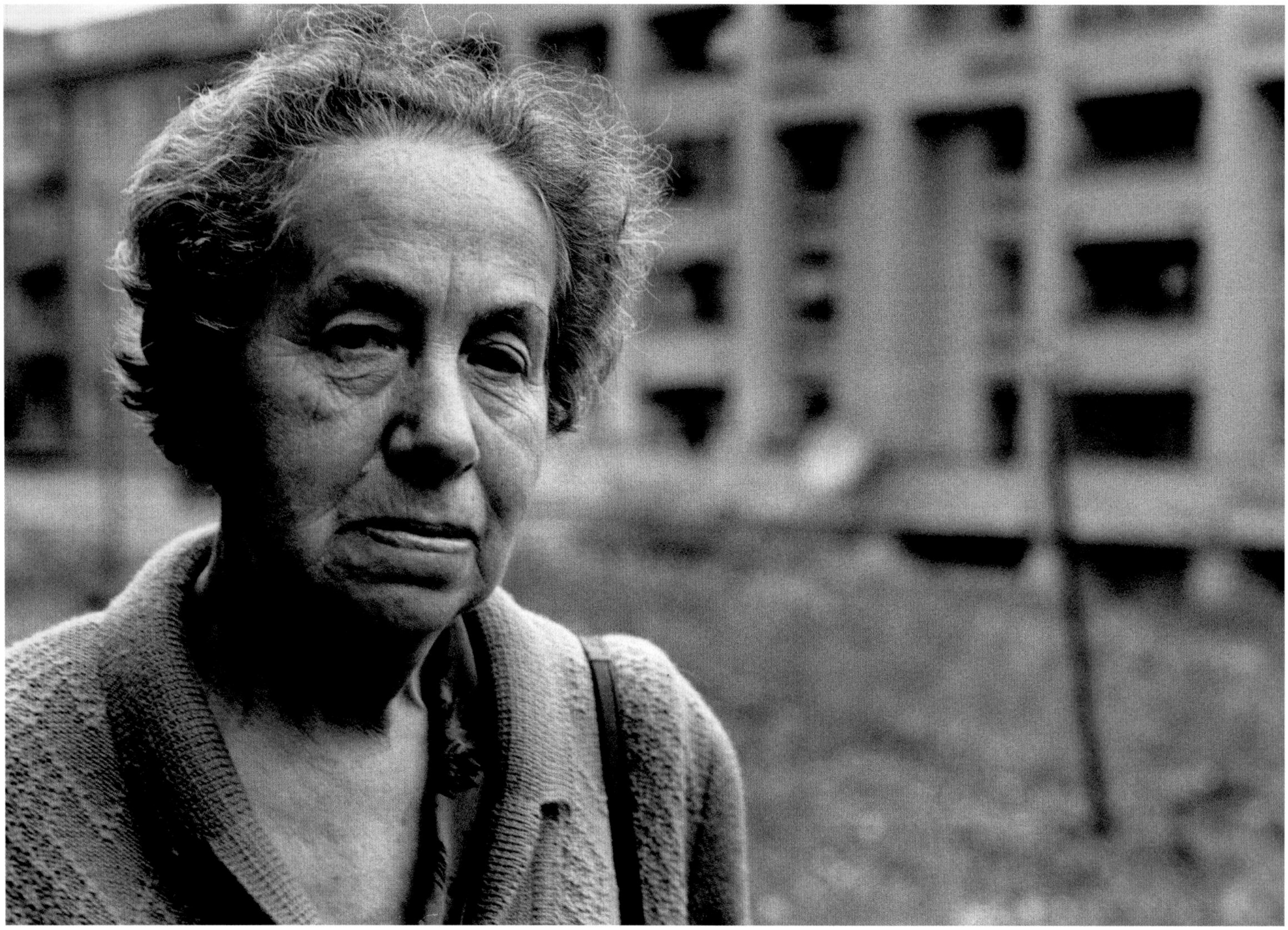

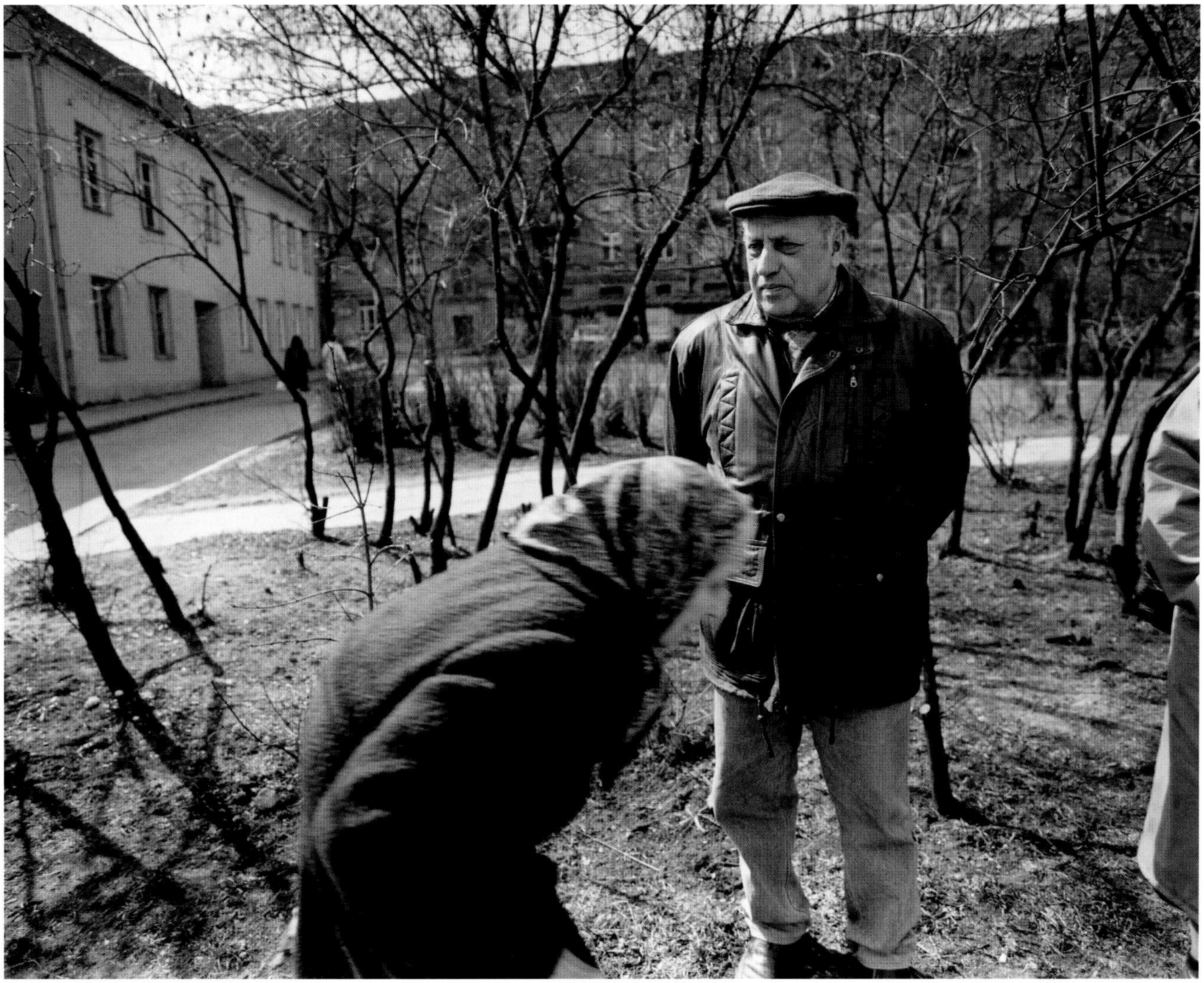

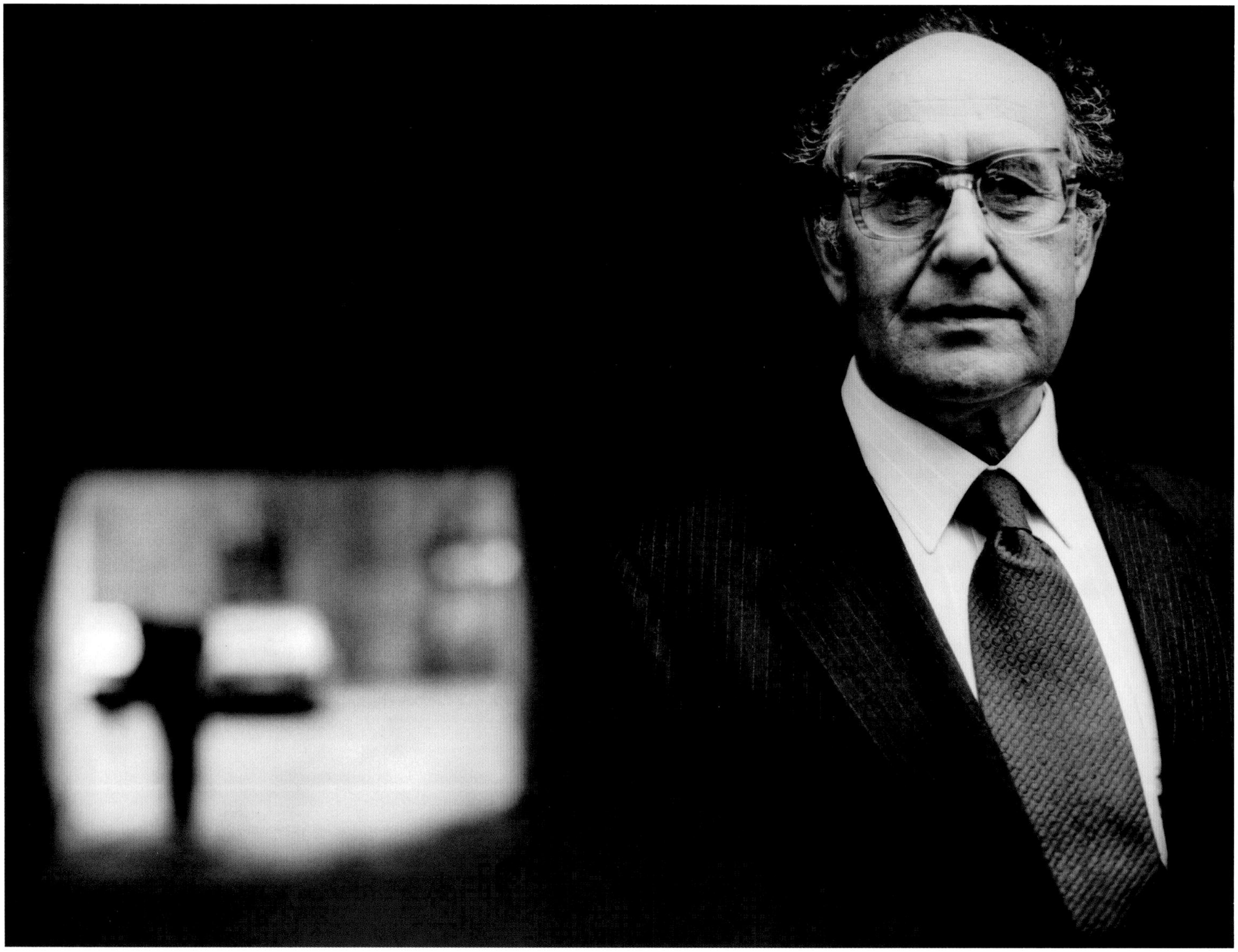

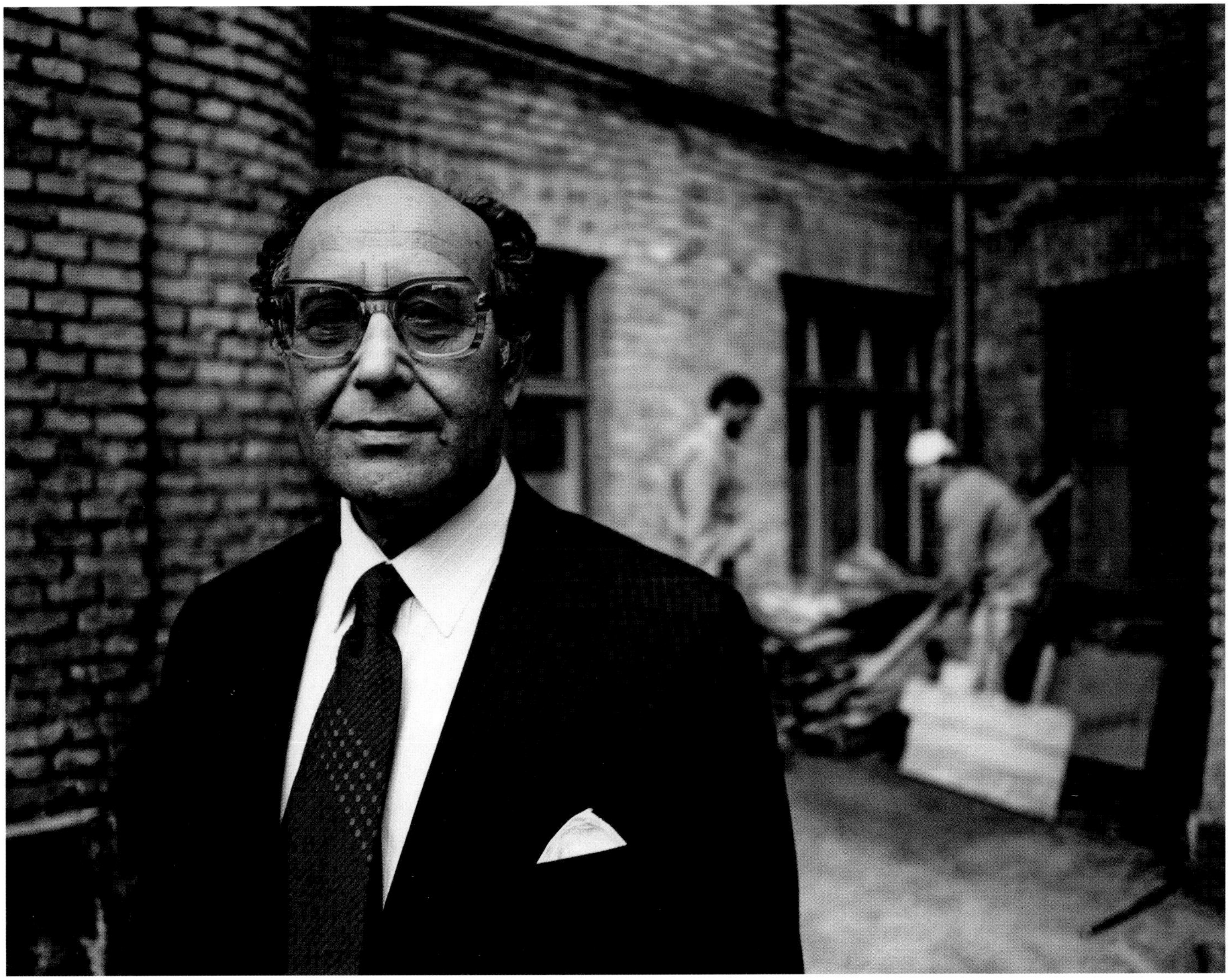

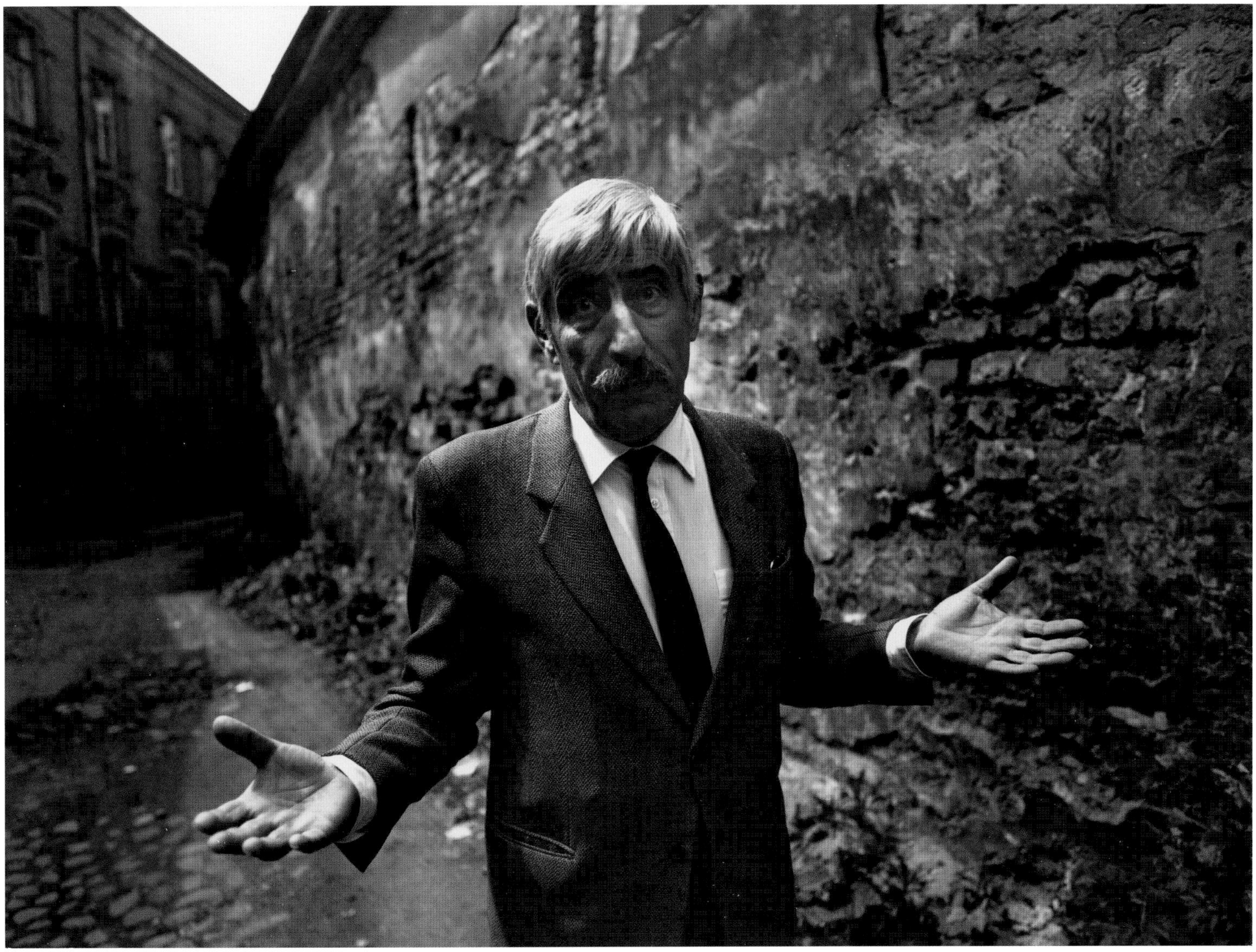

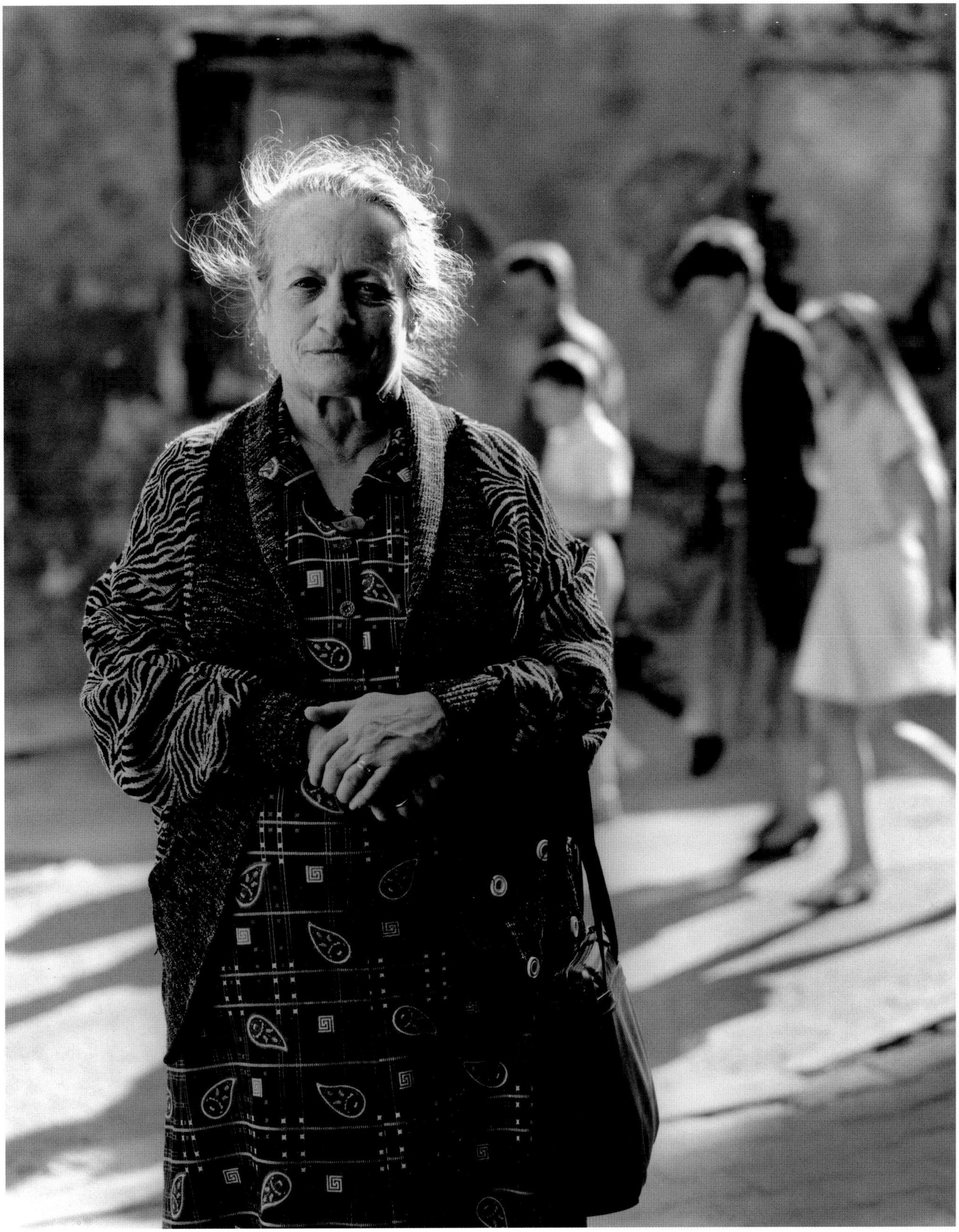

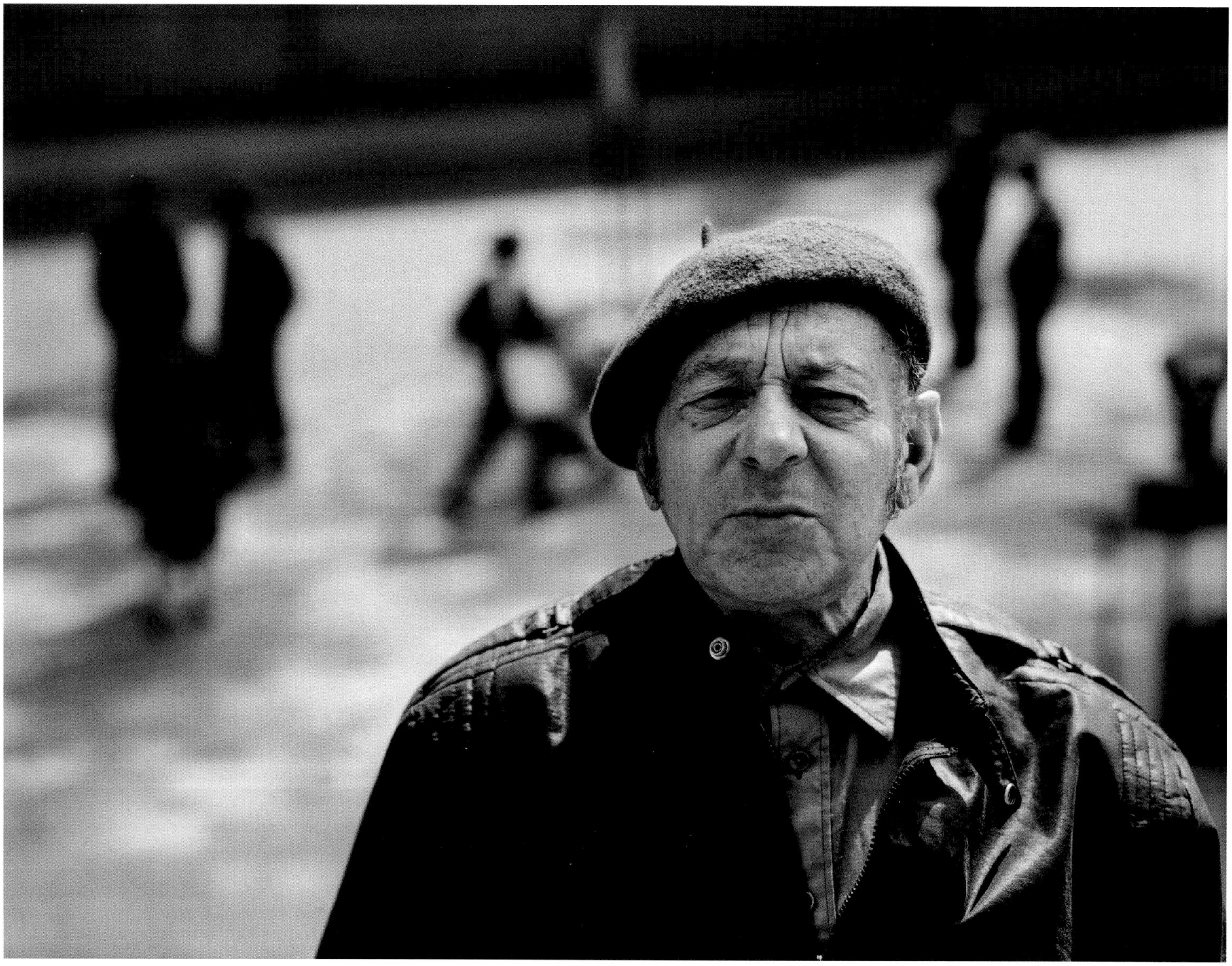

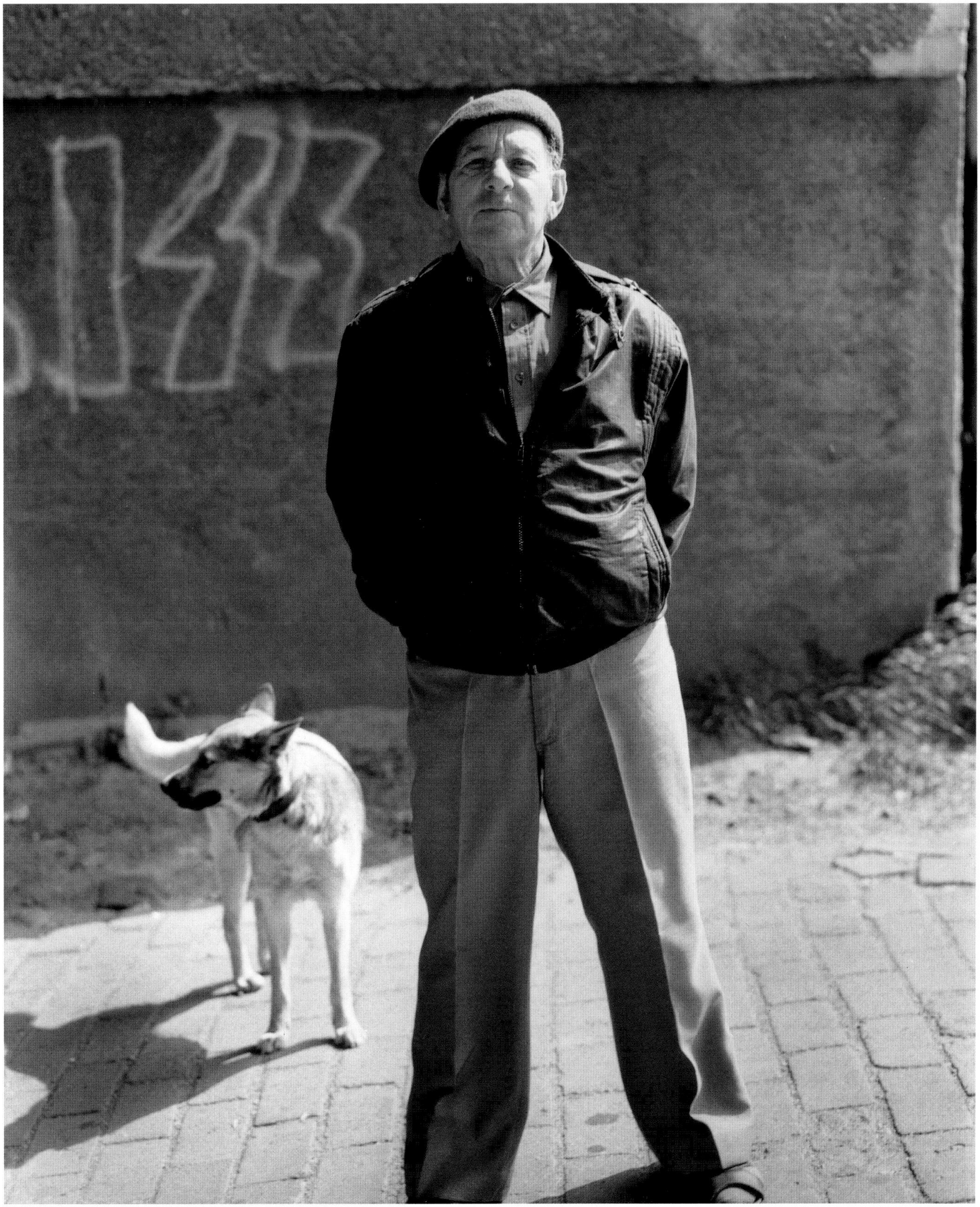

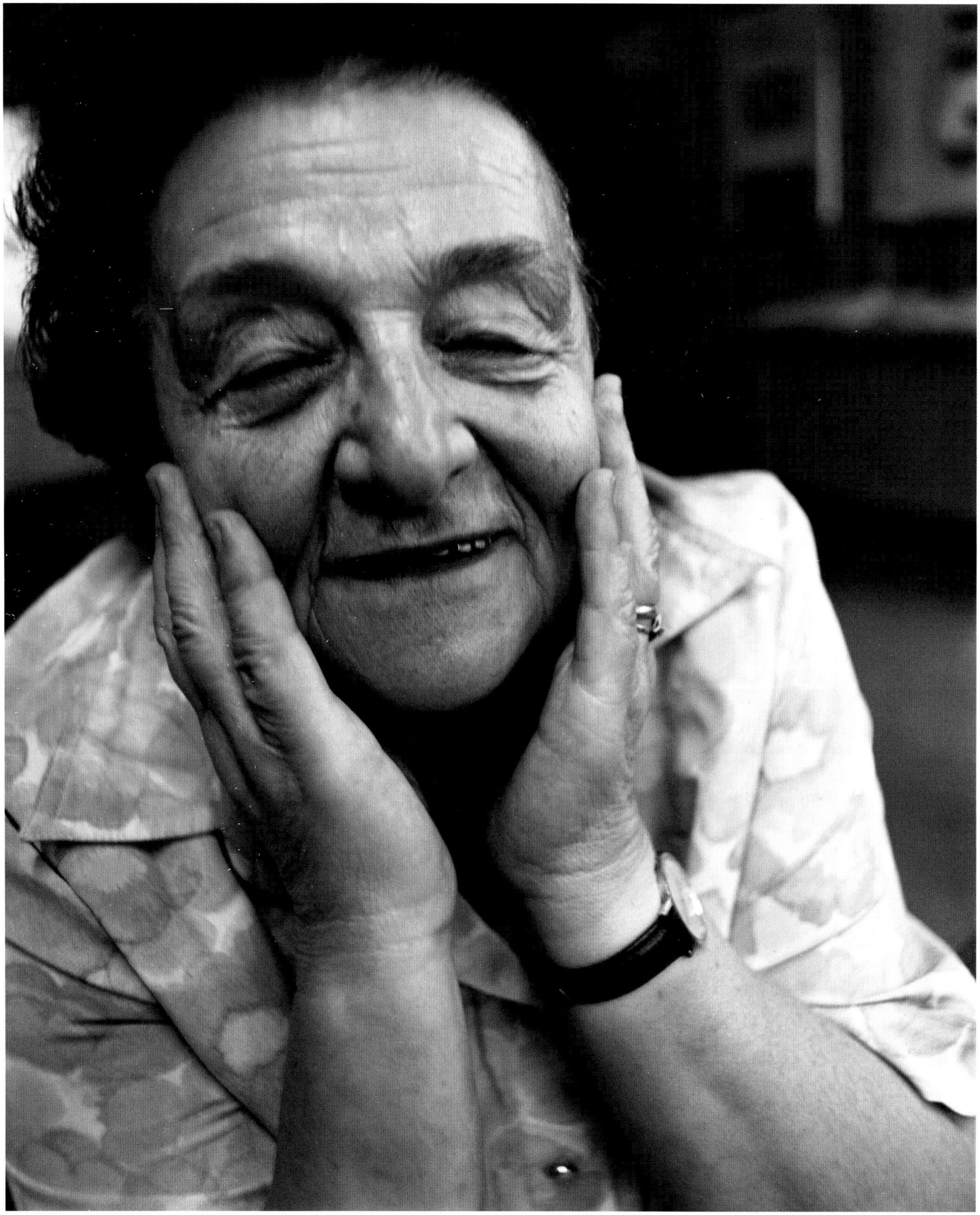

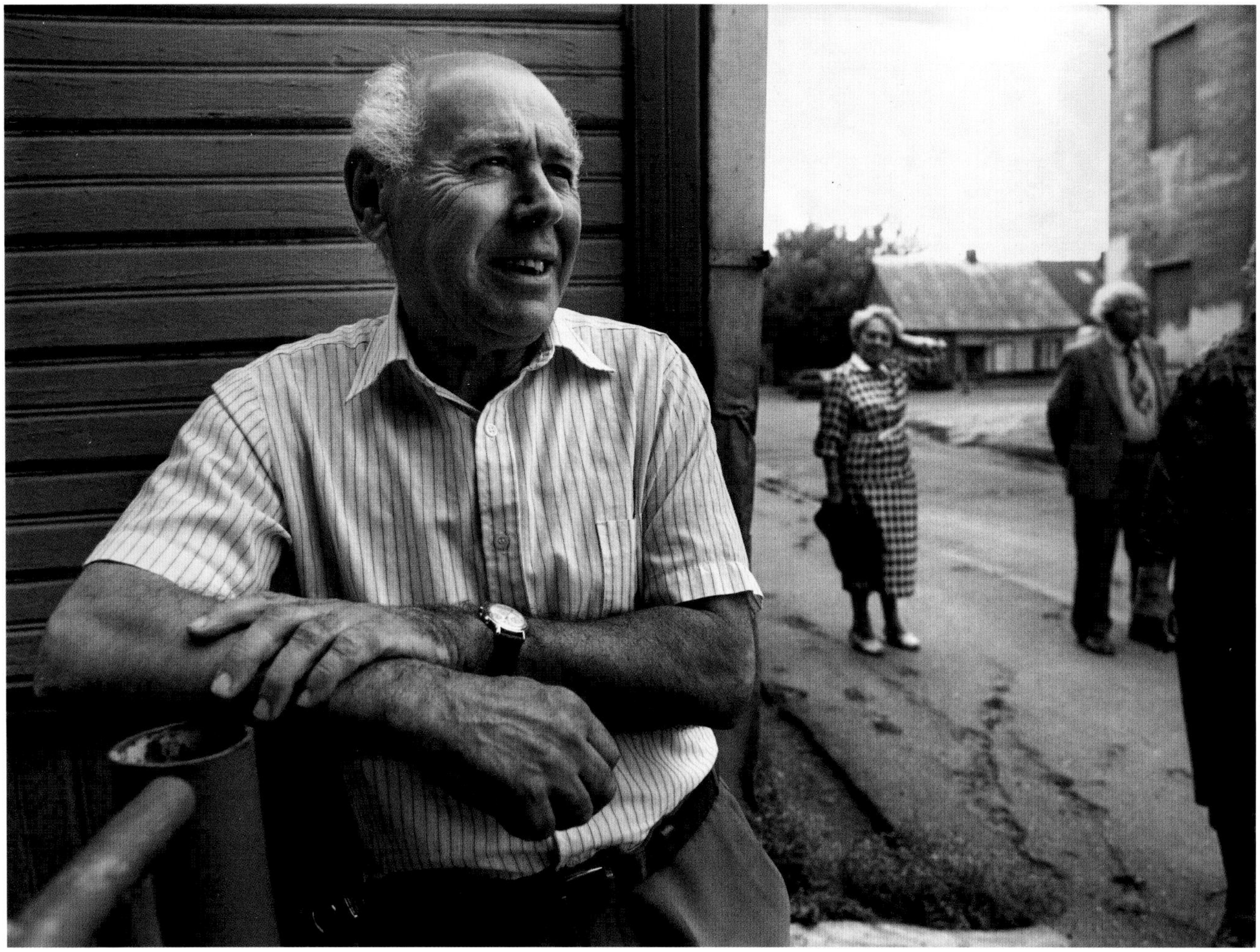

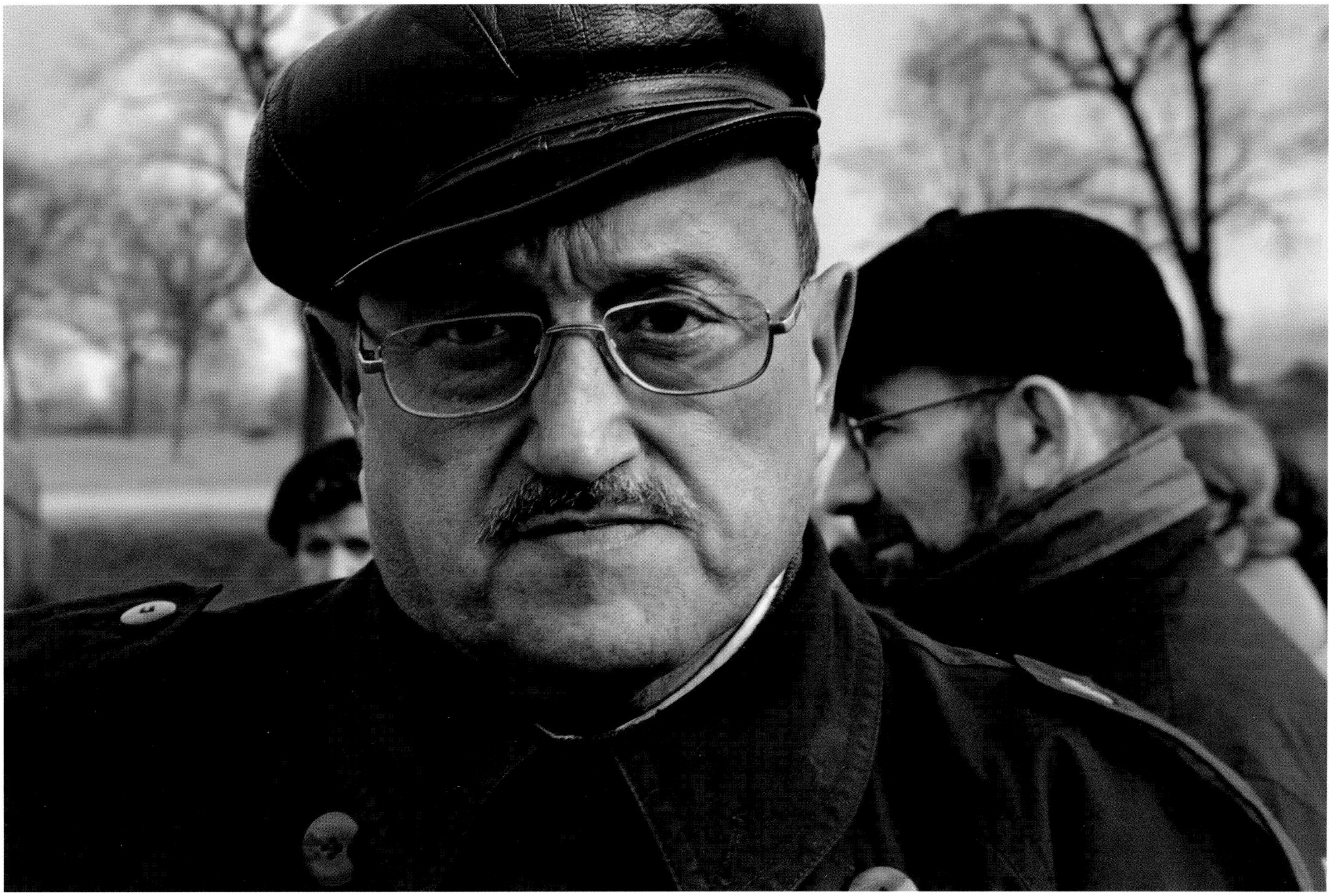

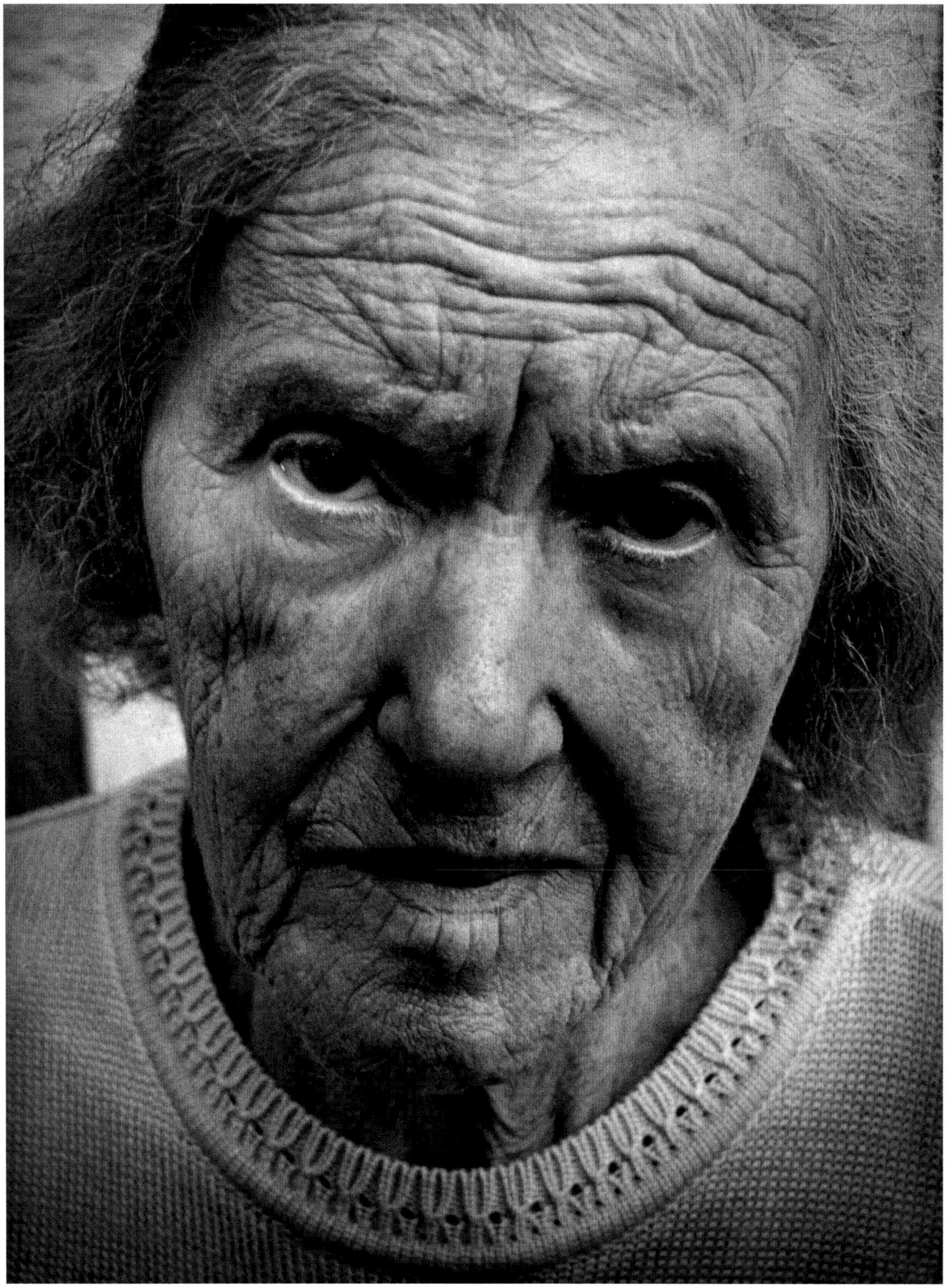

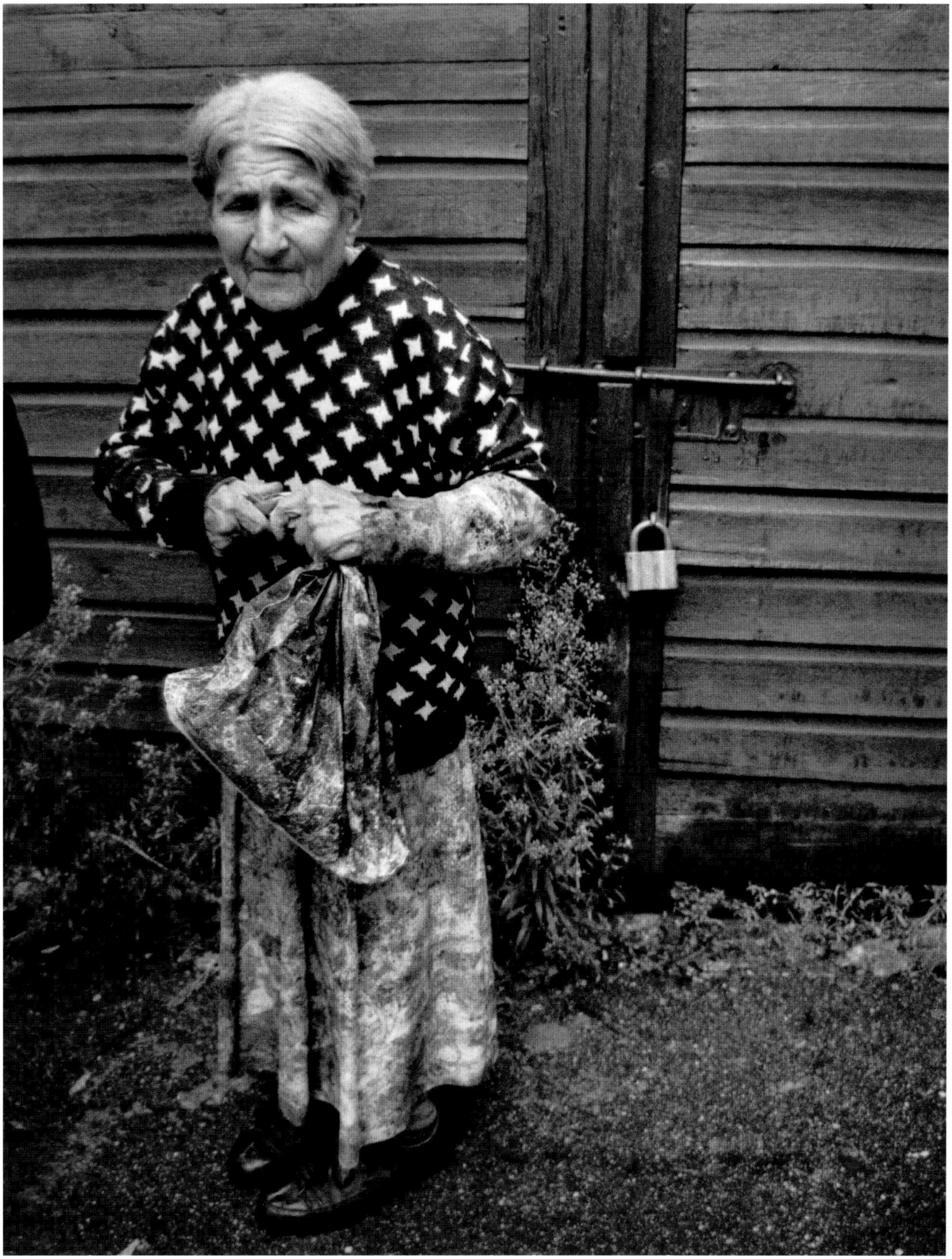

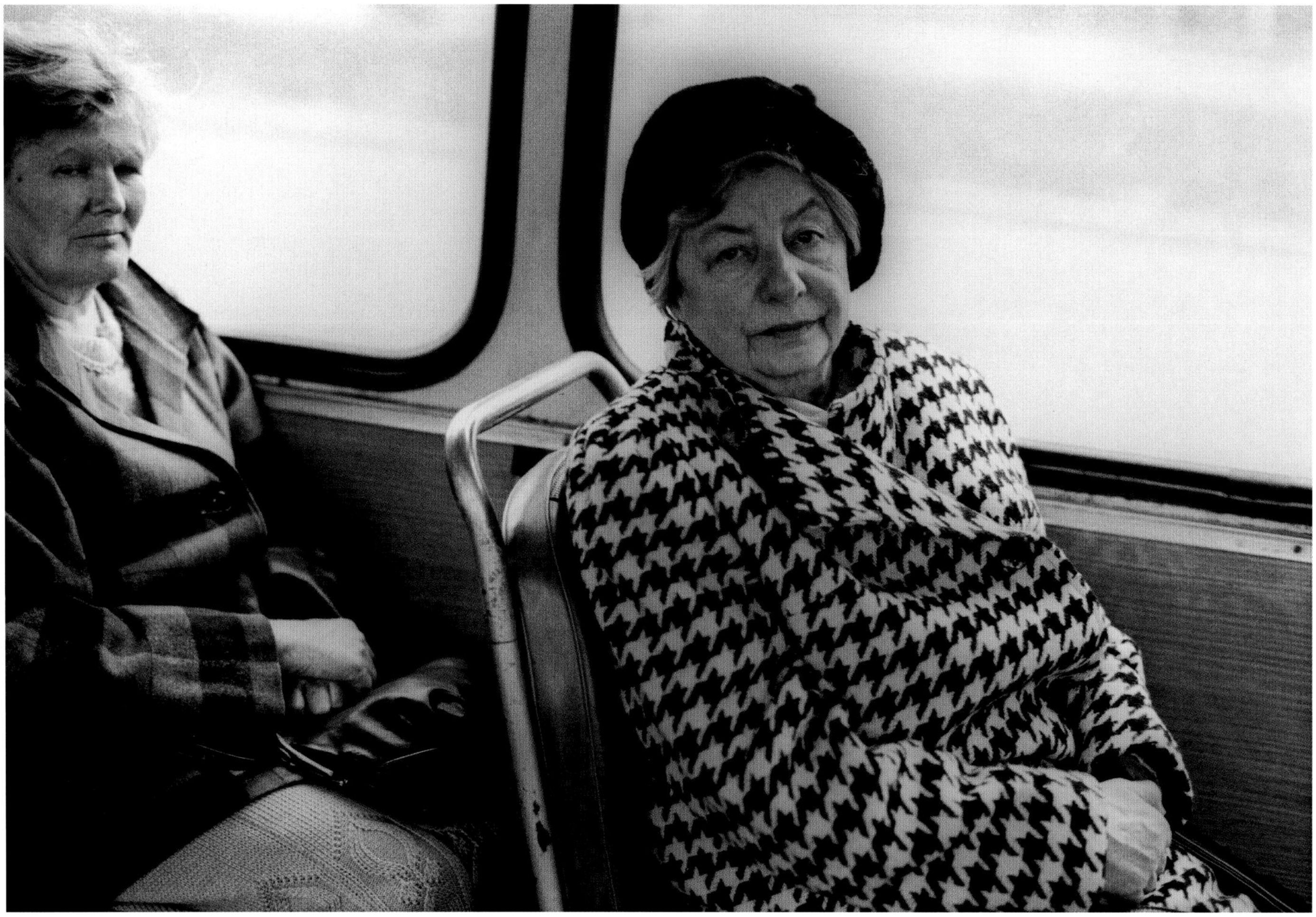

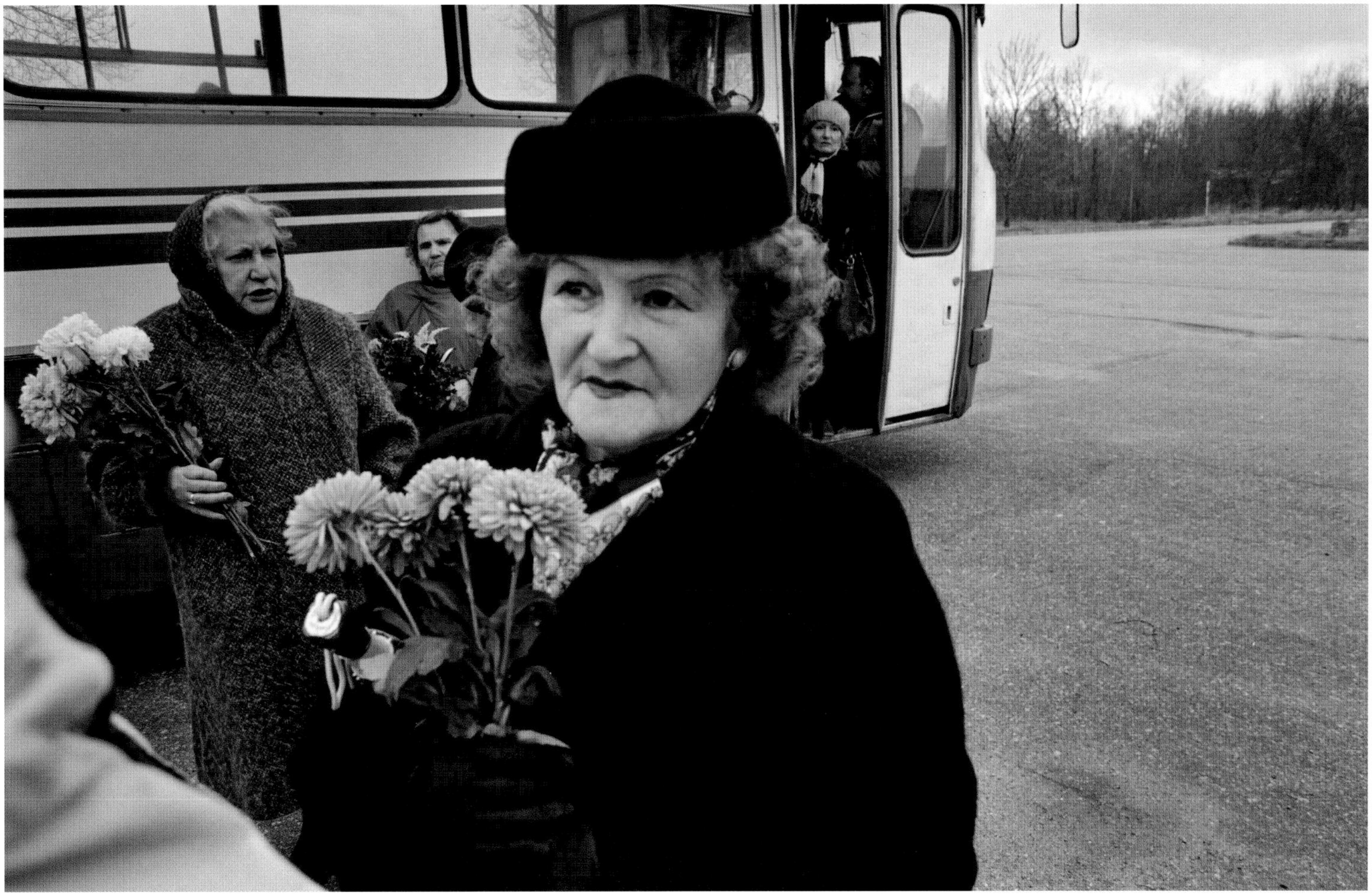

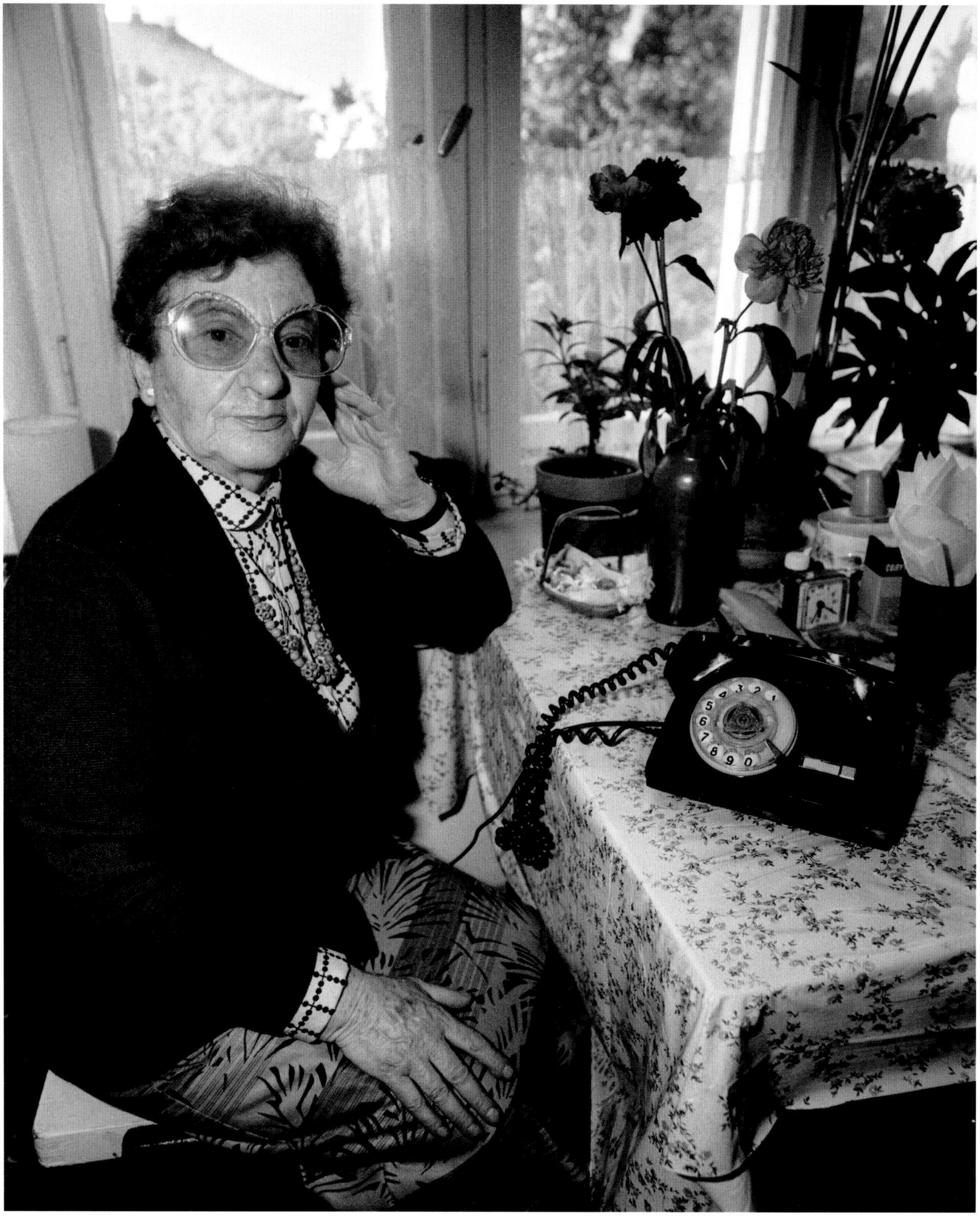

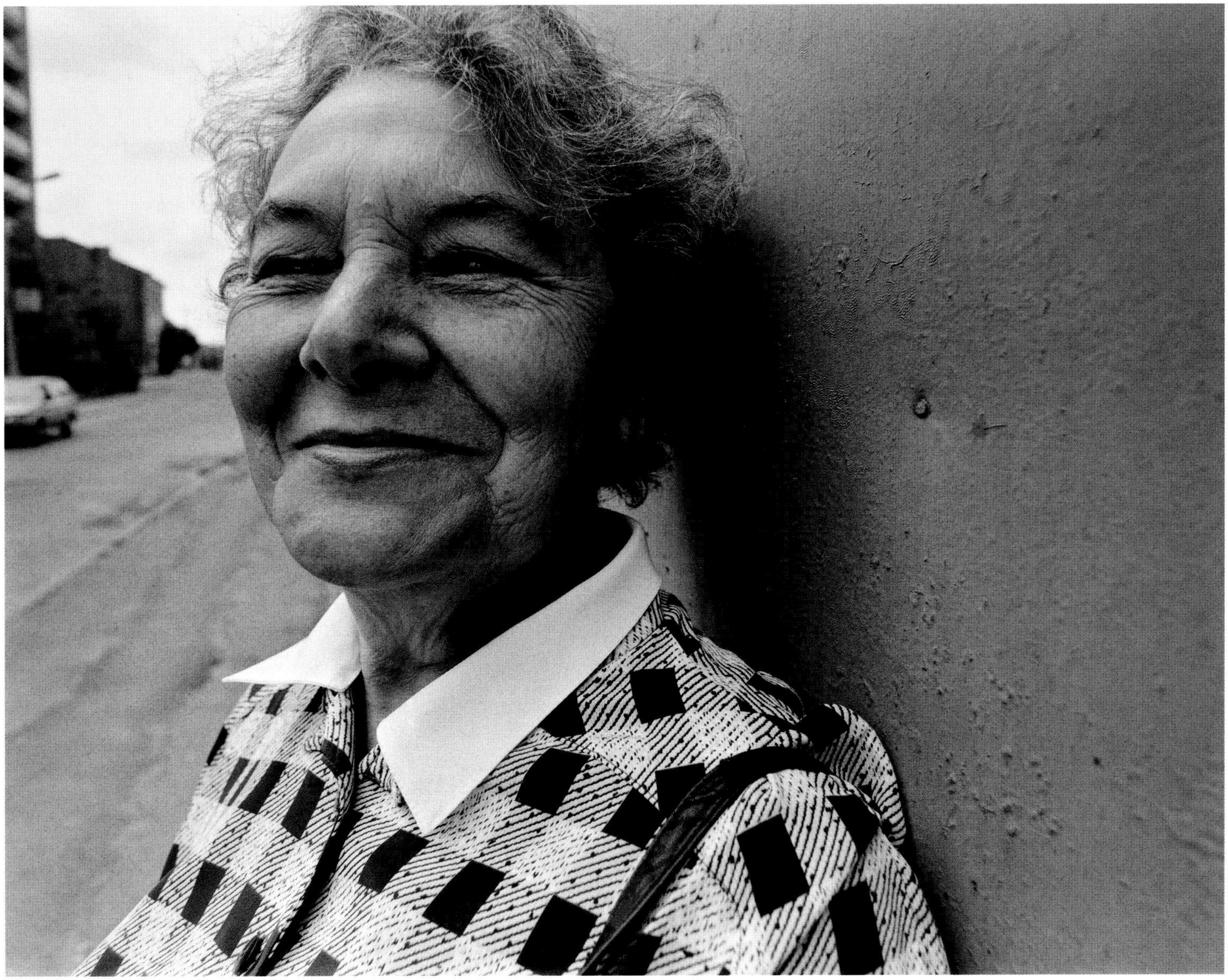

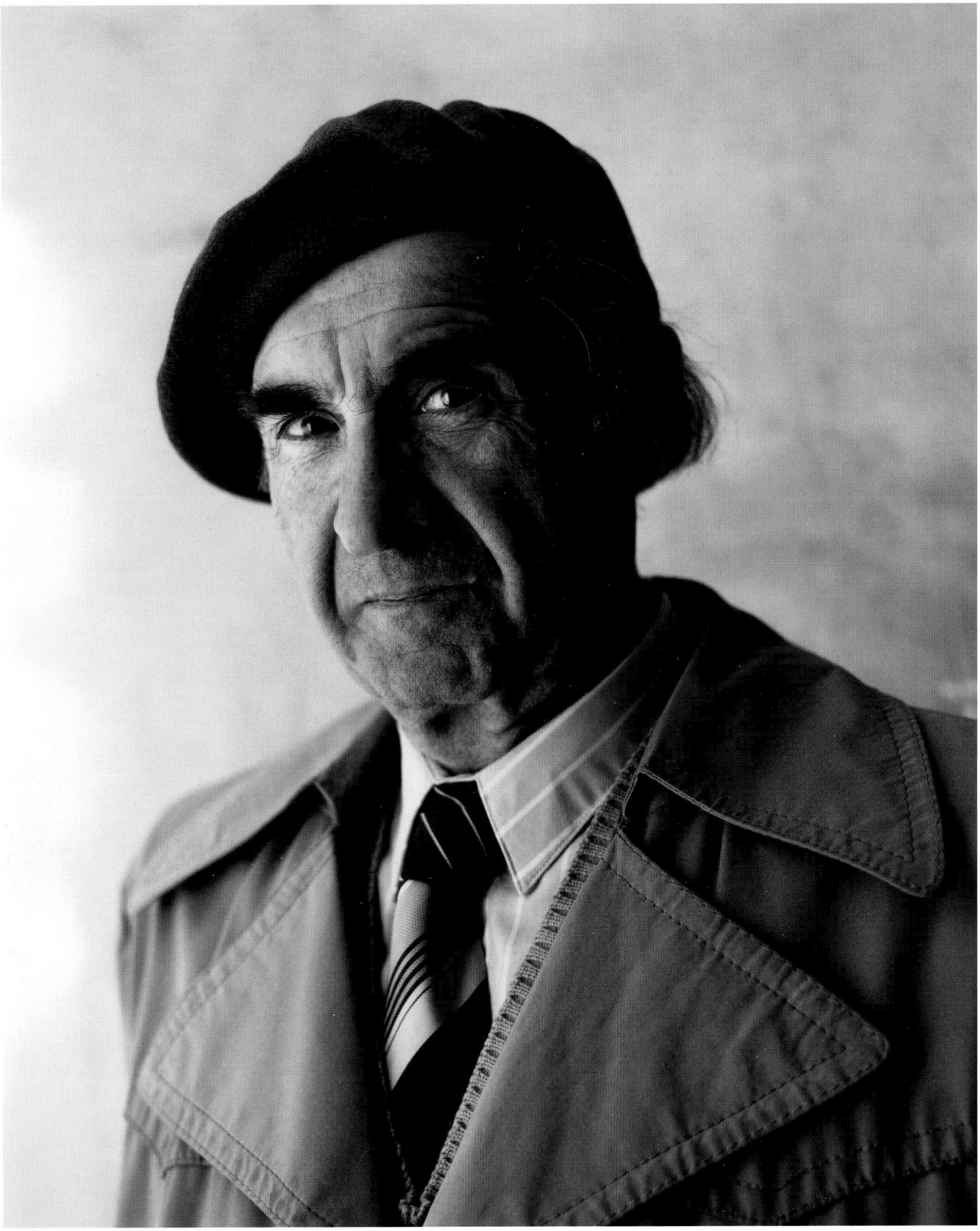

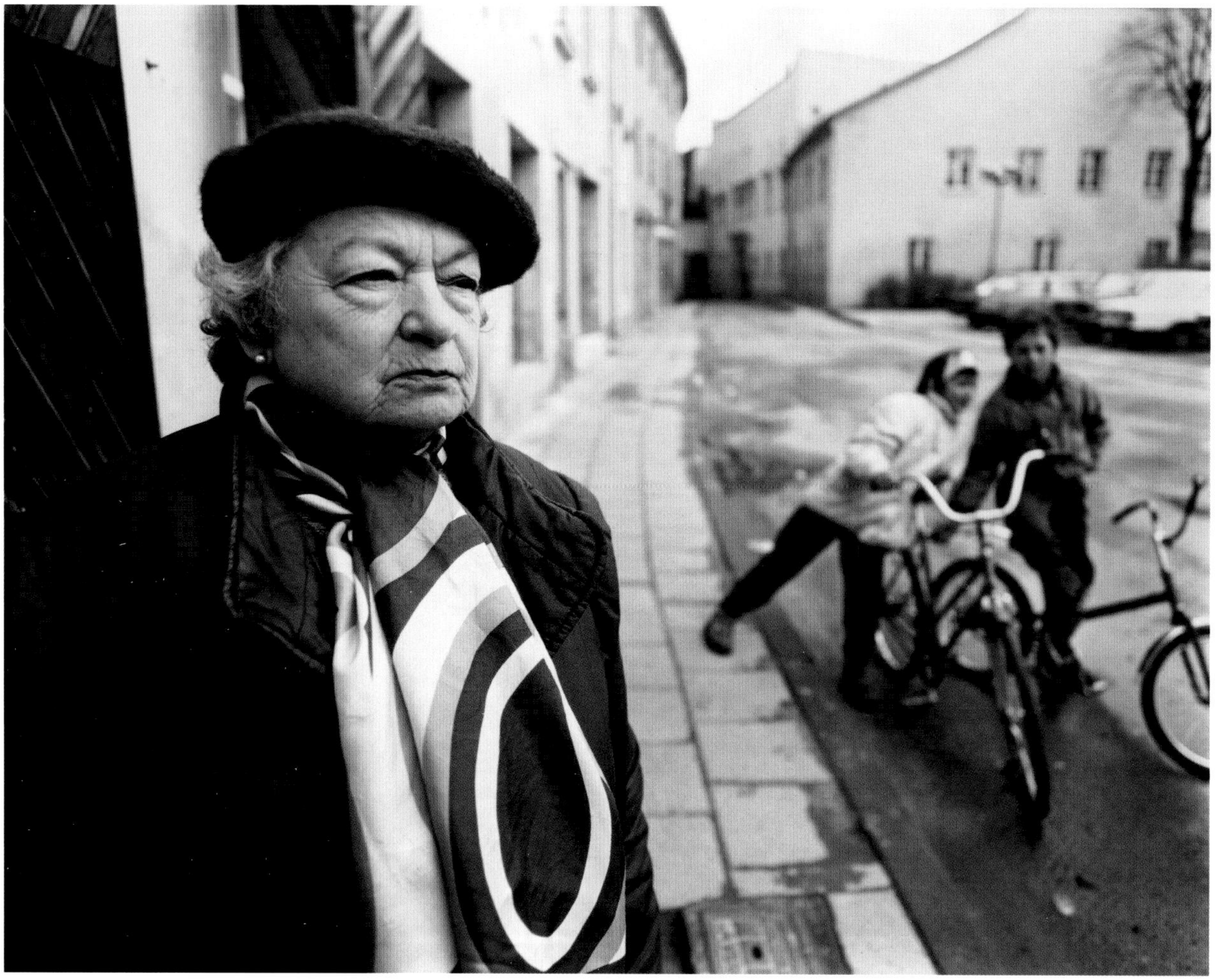

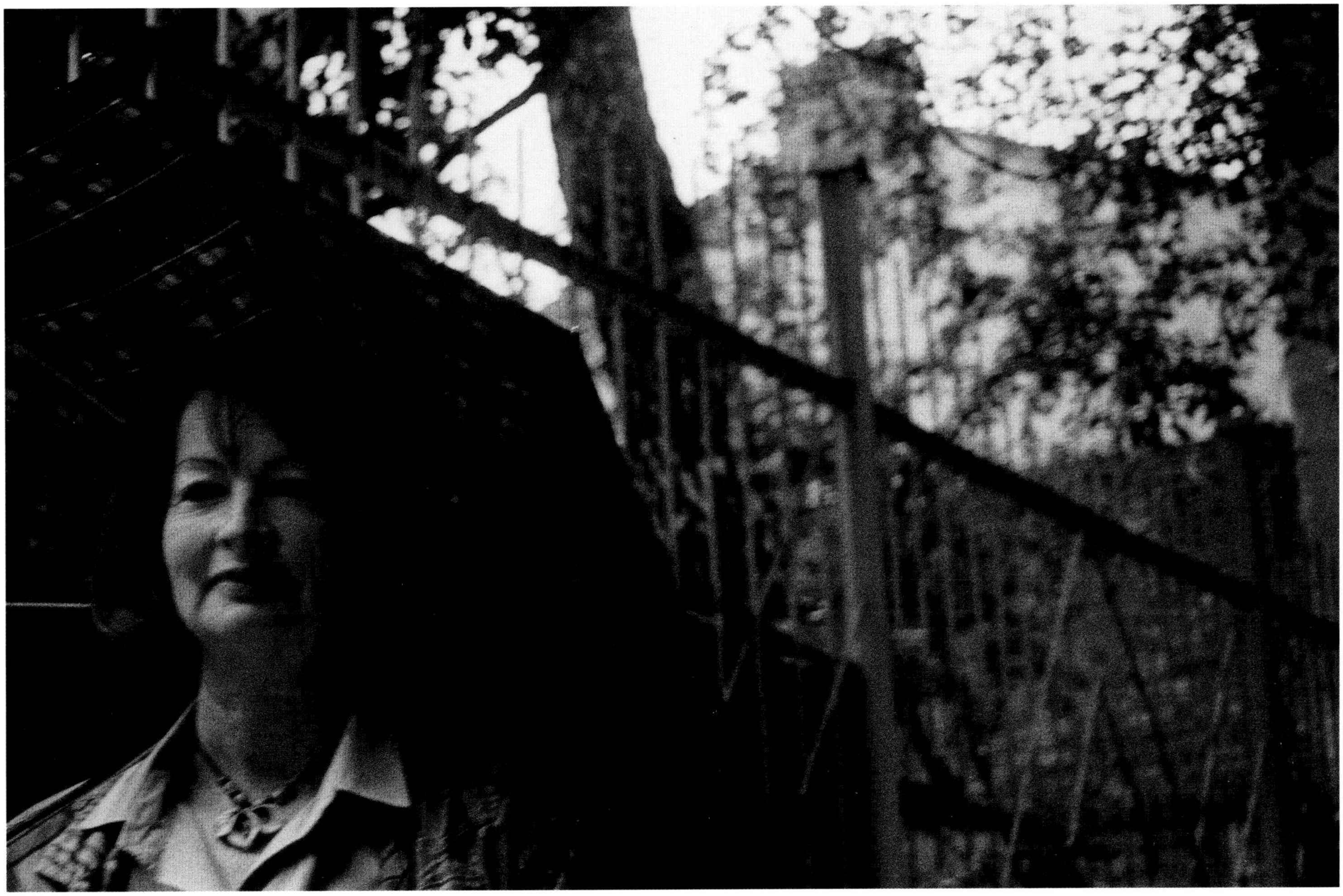

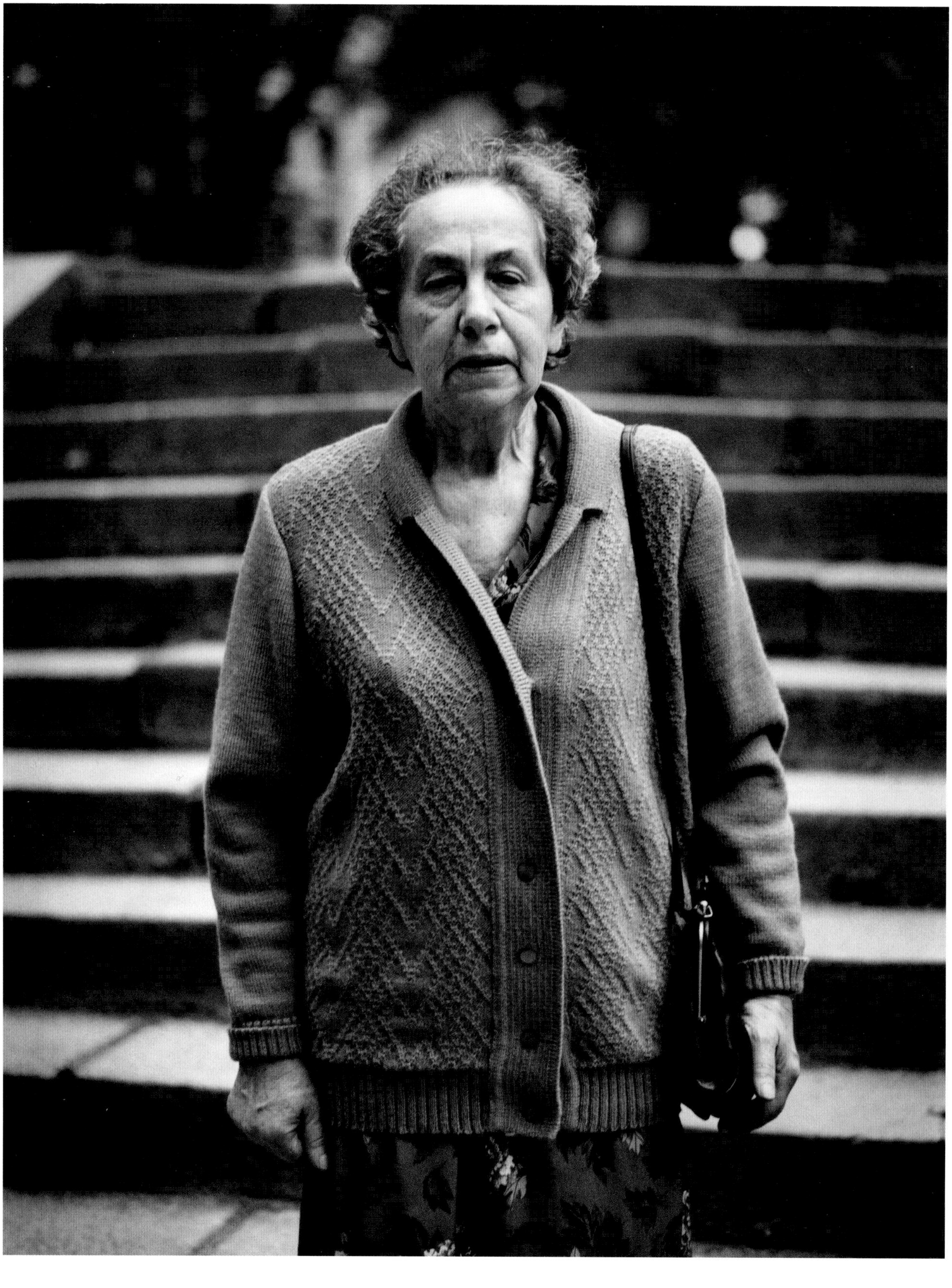

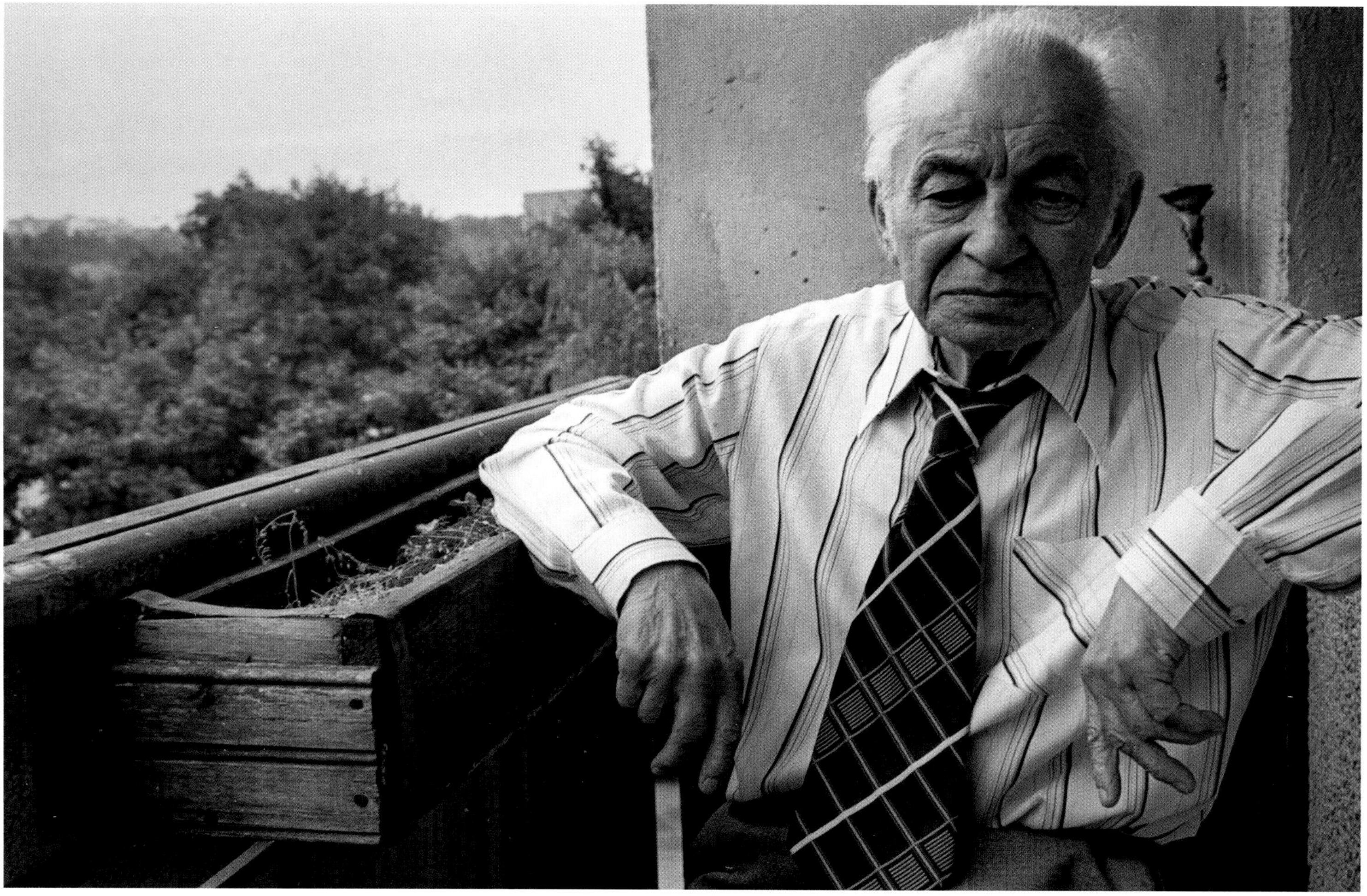

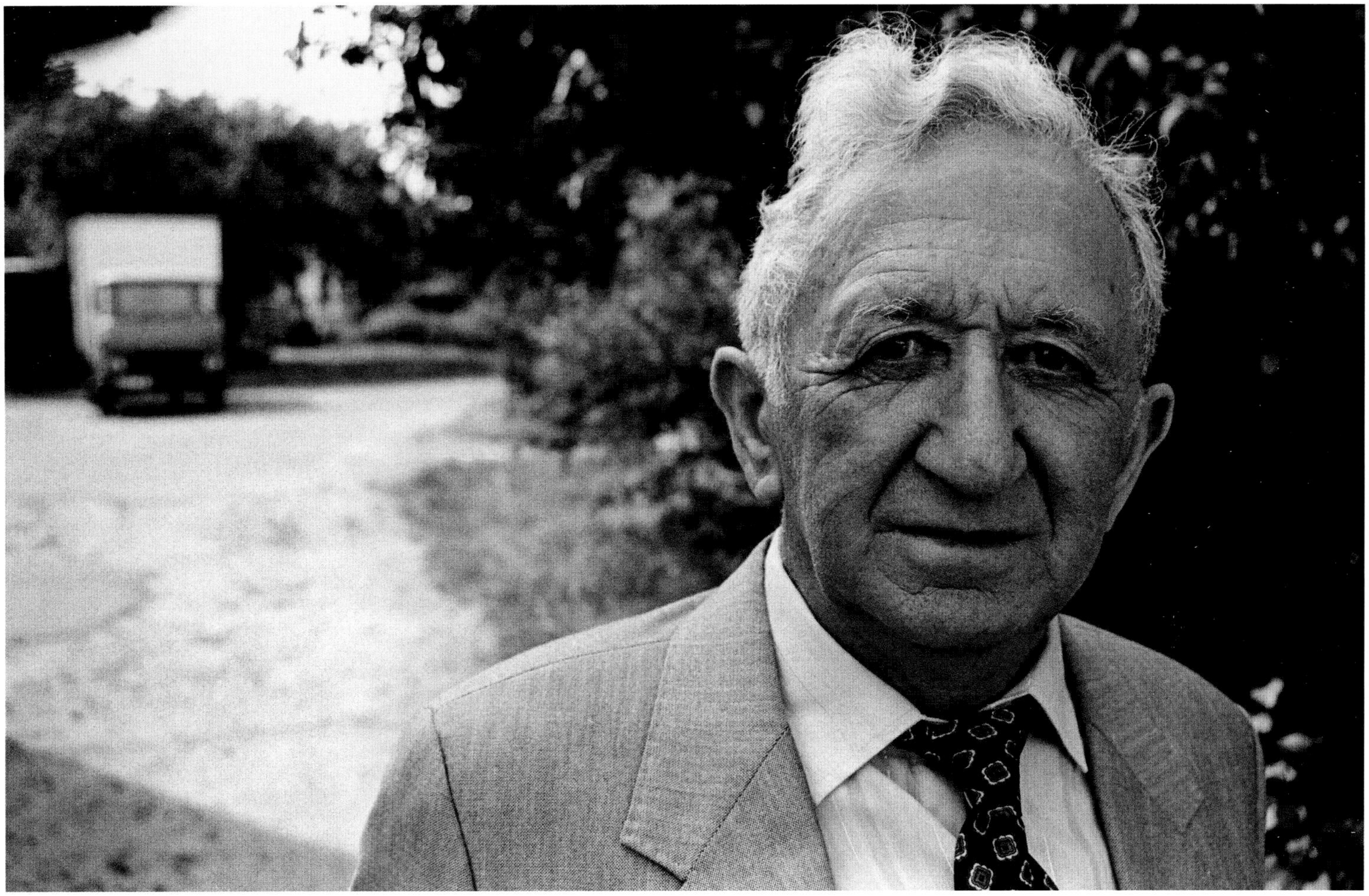

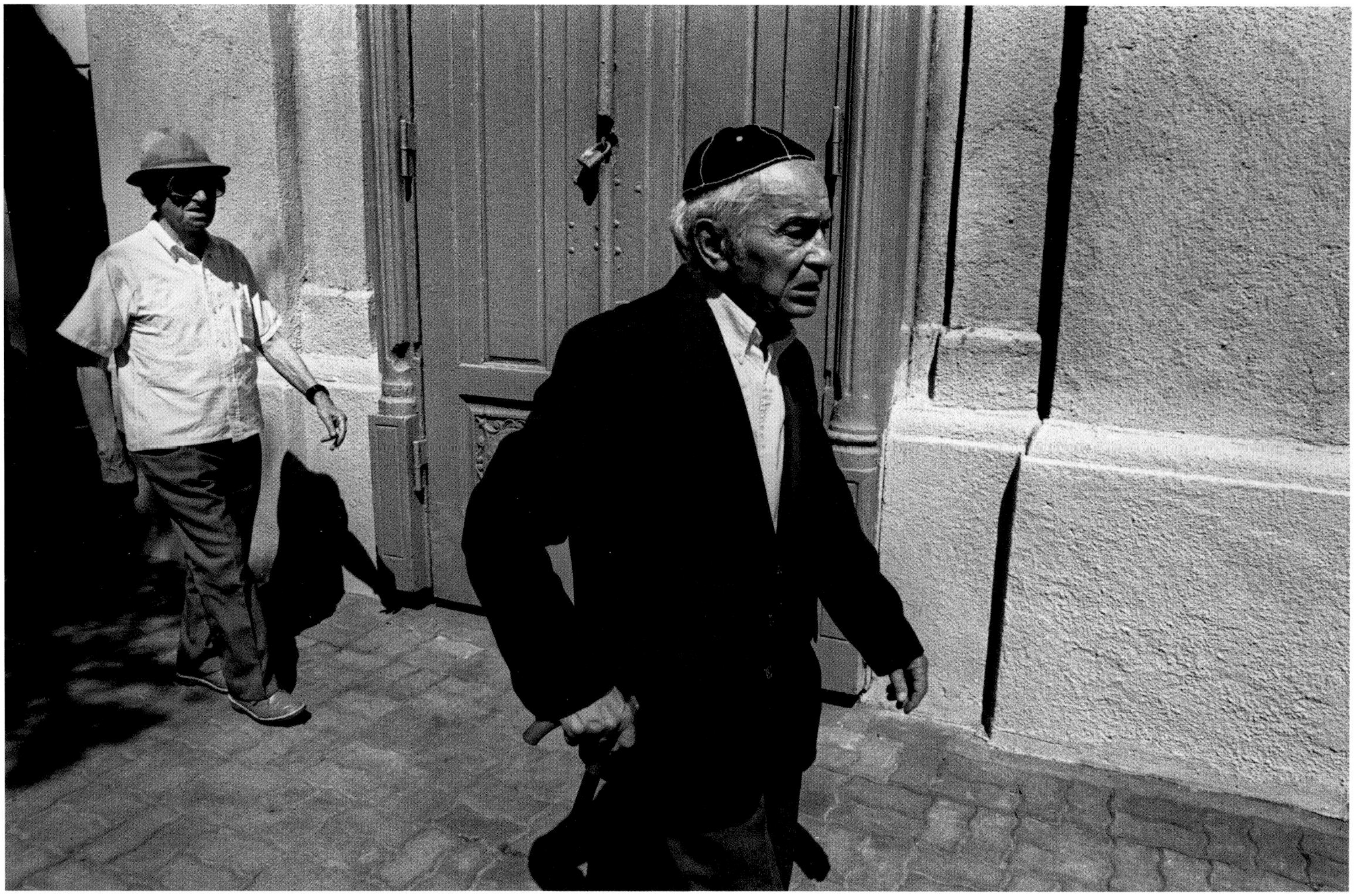

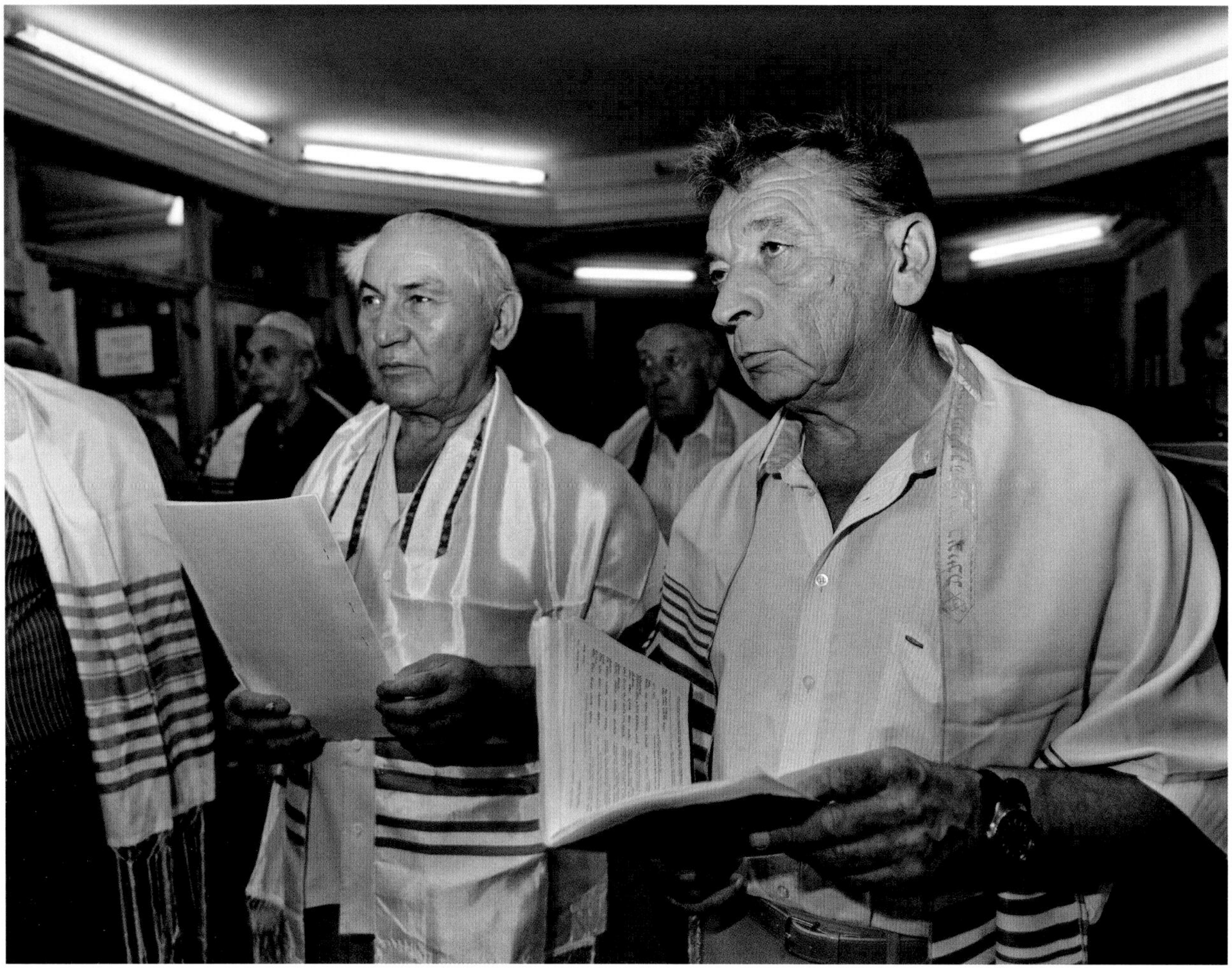

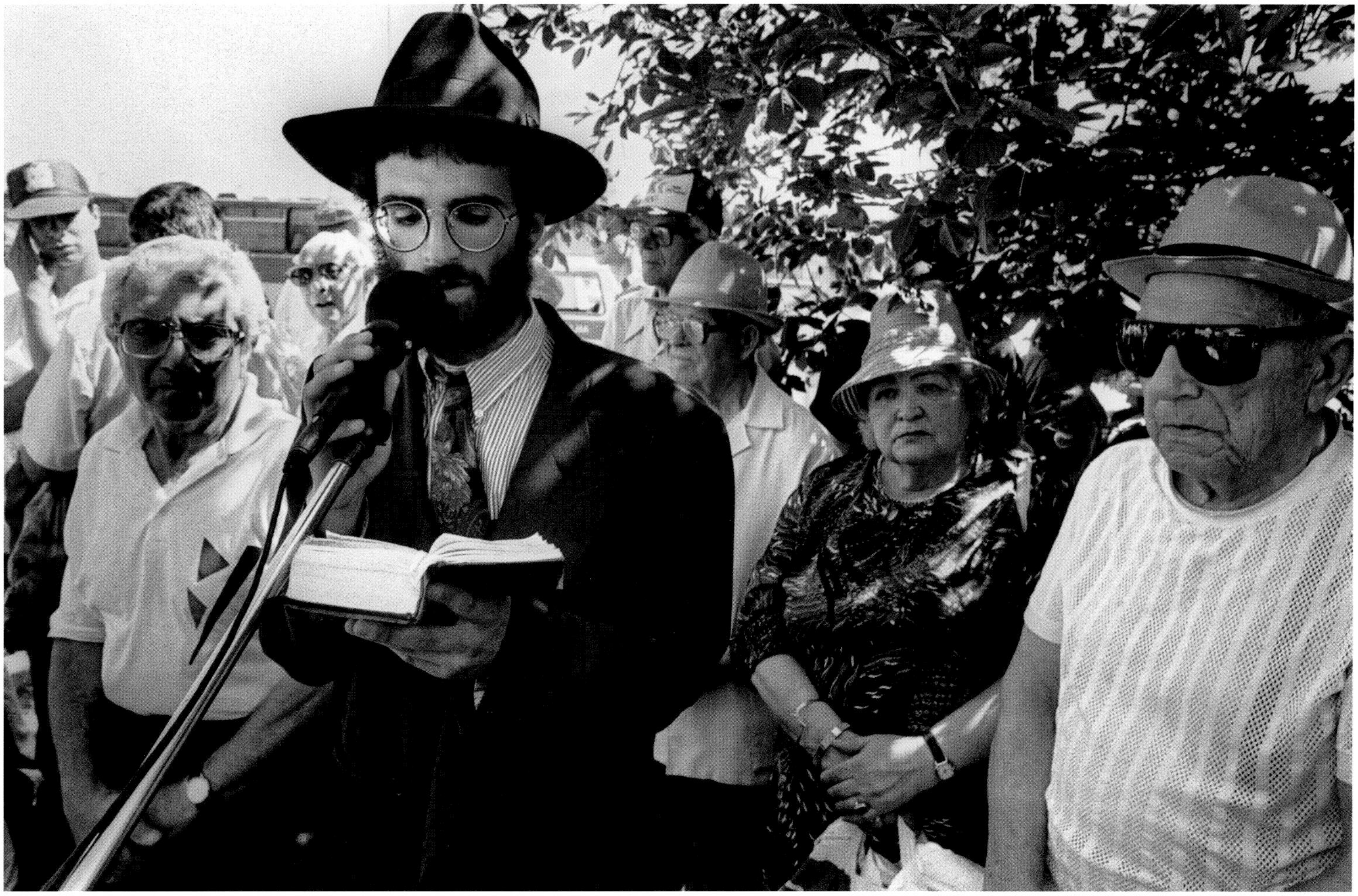

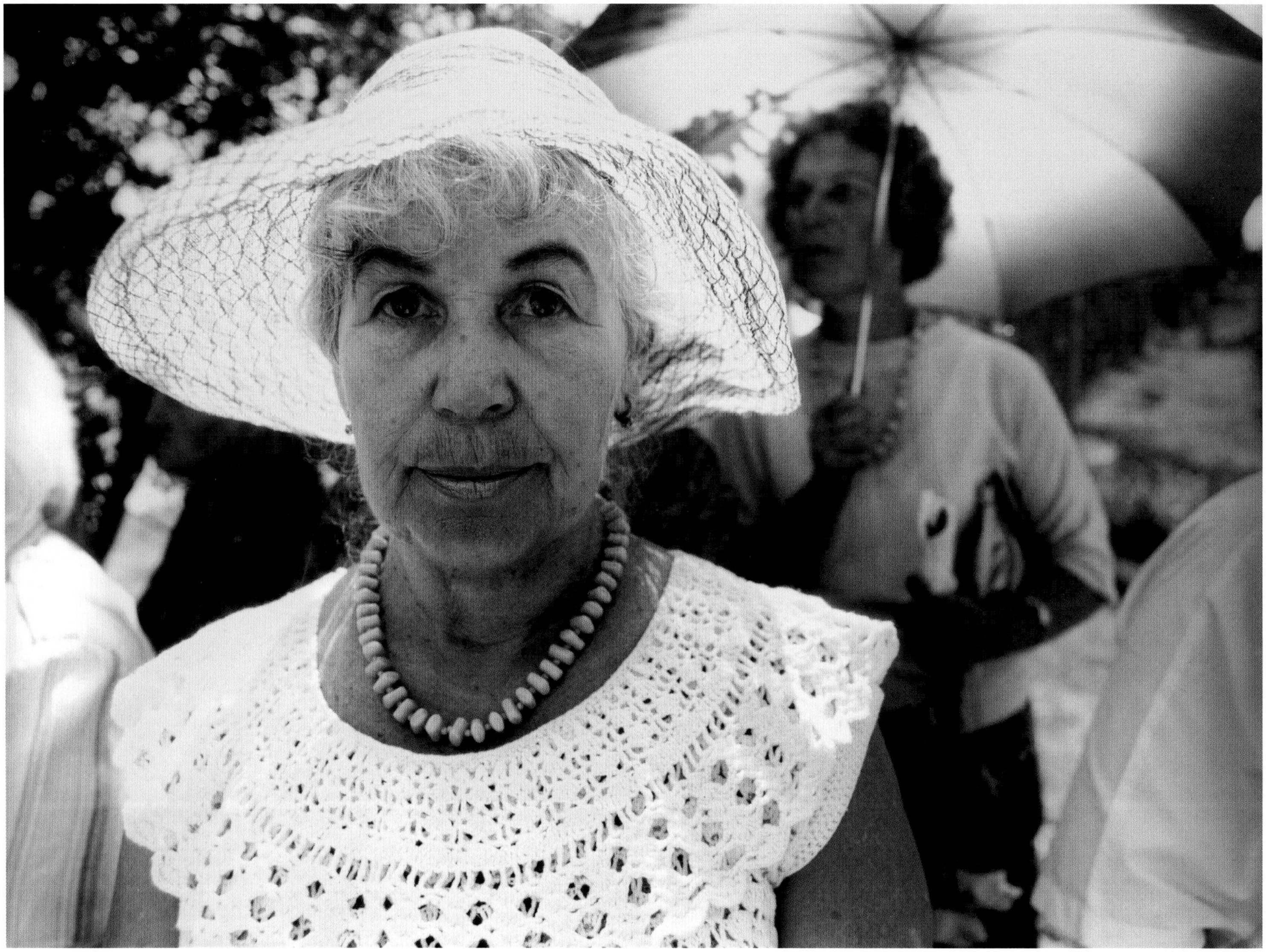

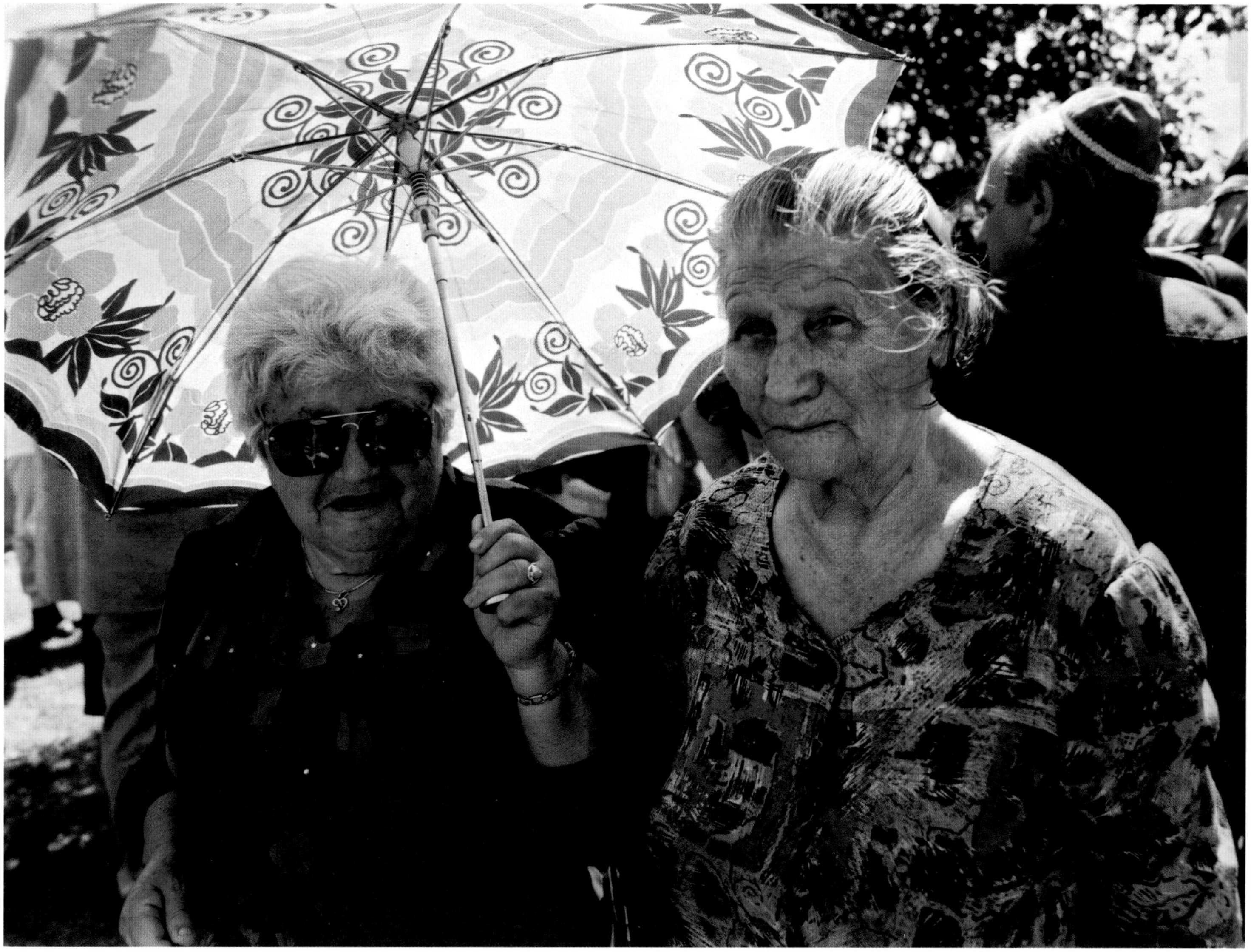

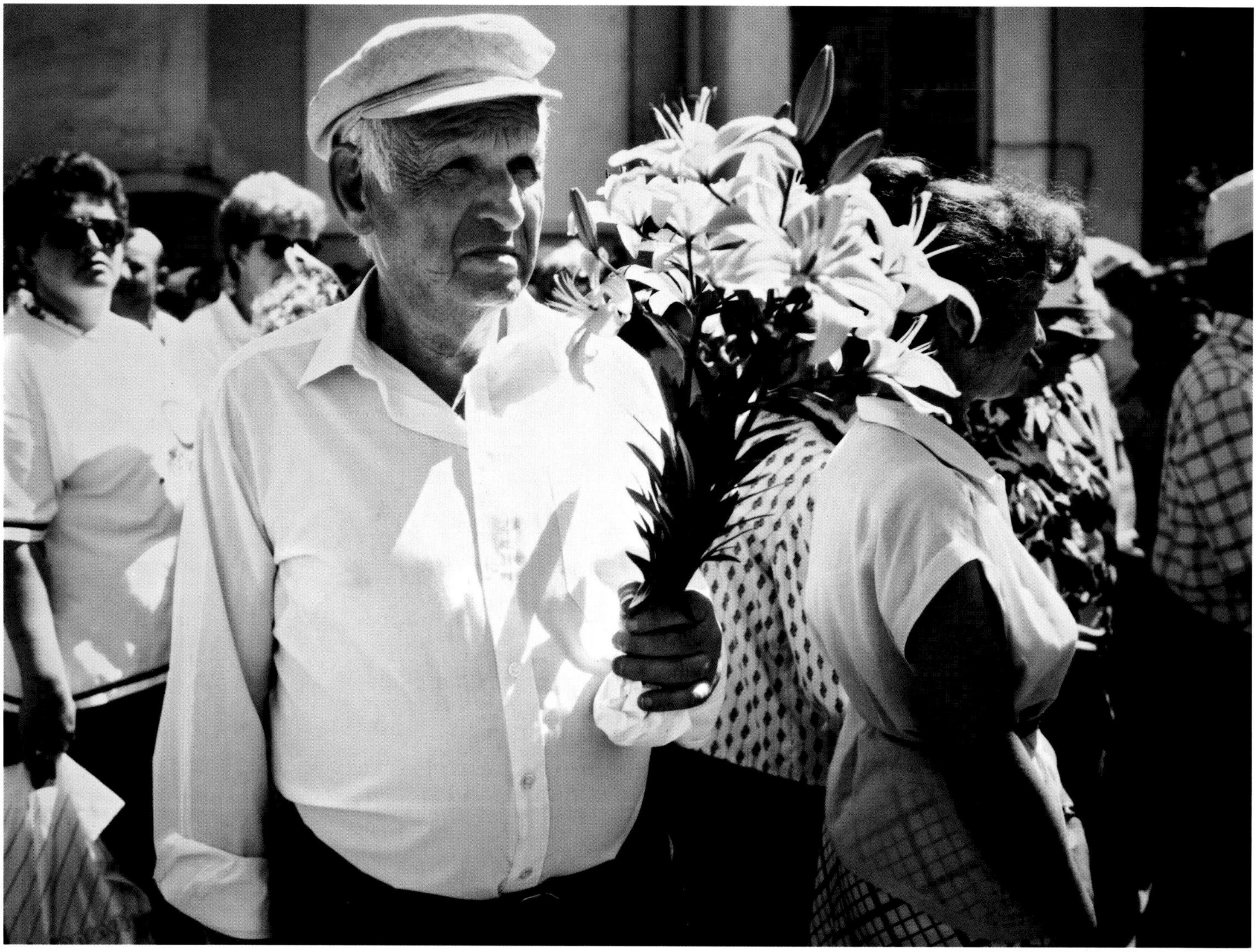

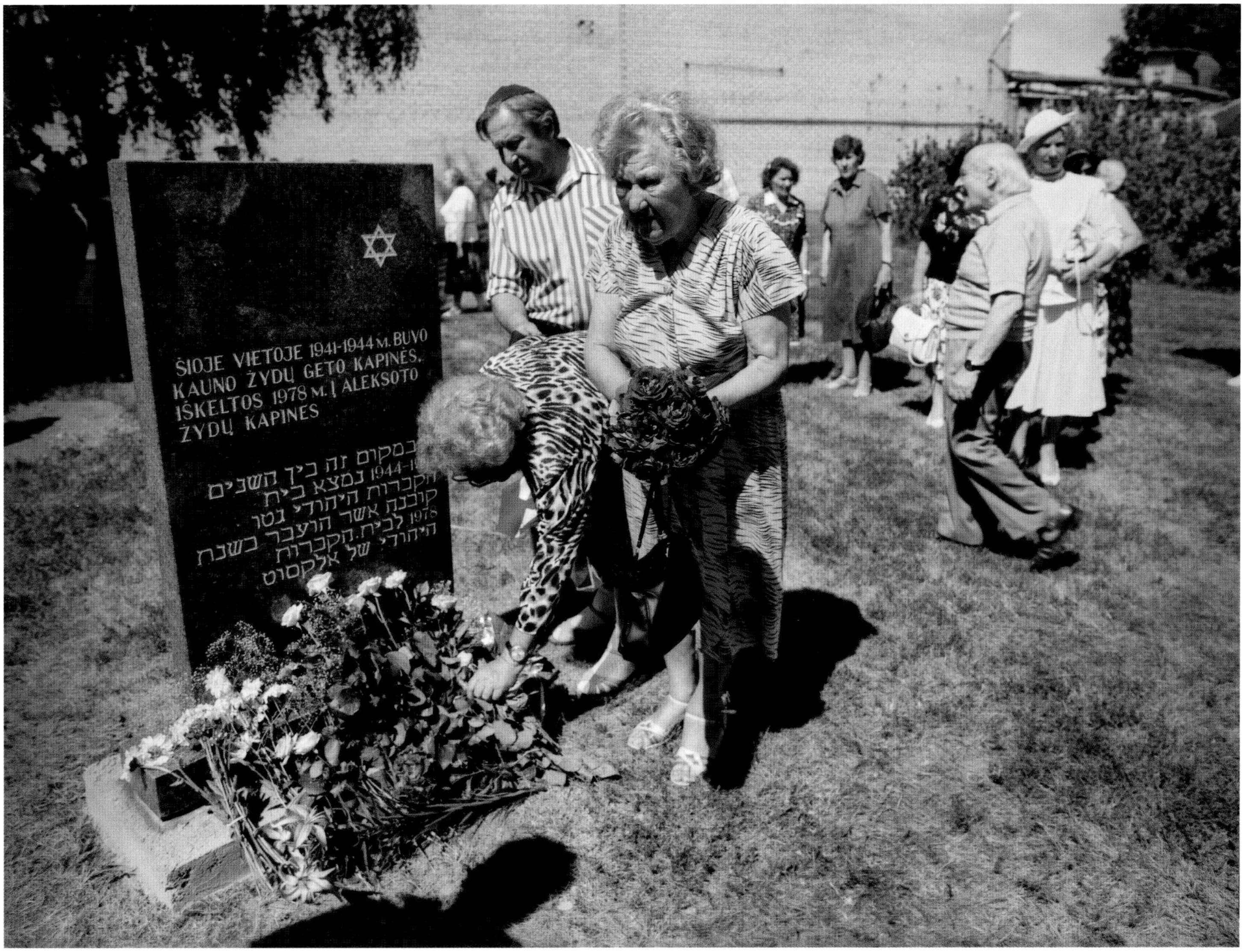
ŠIOJE VIETOJE 1941-1944 M. BUVO
KAUNO ŽYDŲ GETO KAPINĖS.
IŠKELTOS 1978 M. Į ALEKSOTO
ŽYDŲ KAPINES

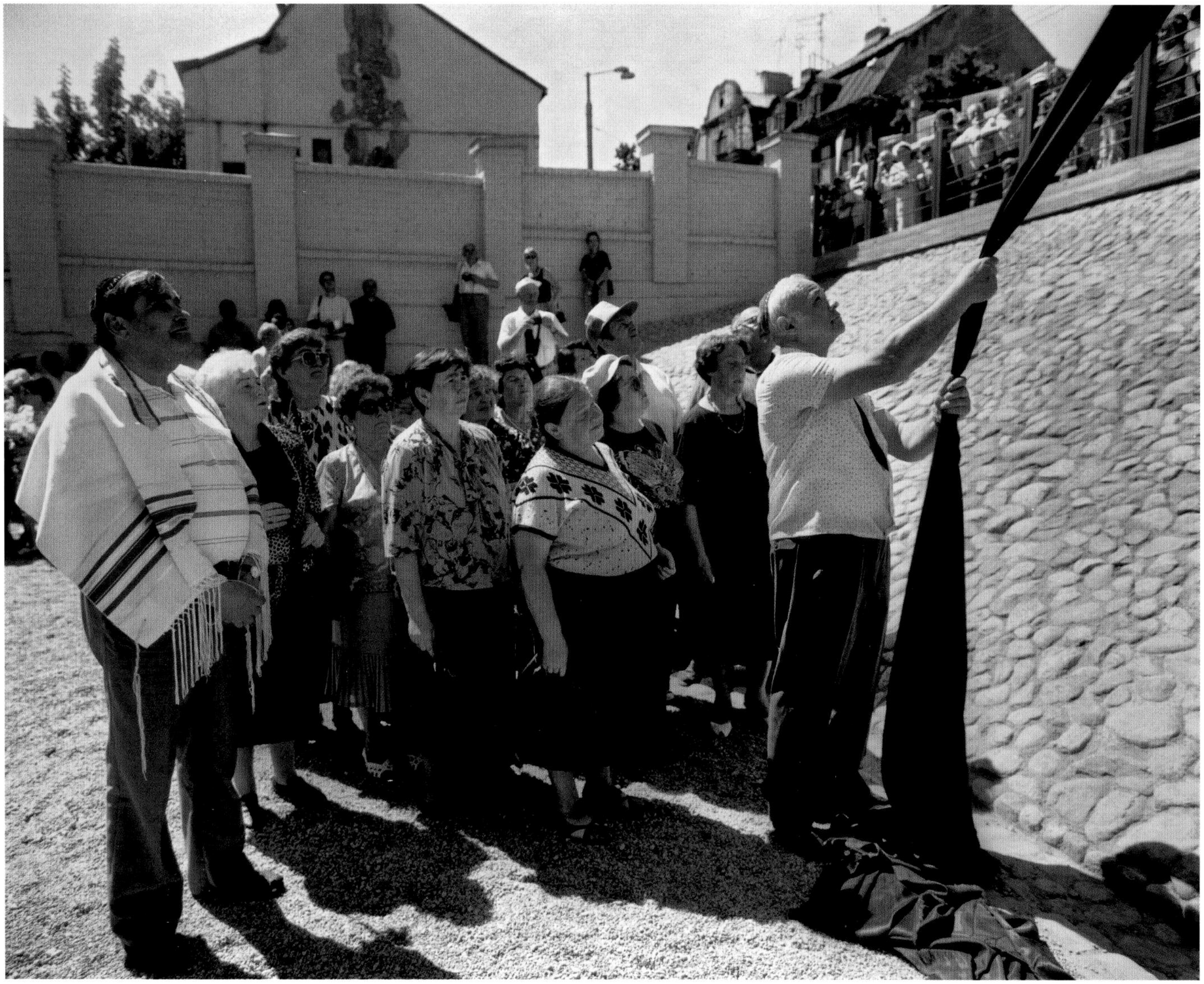

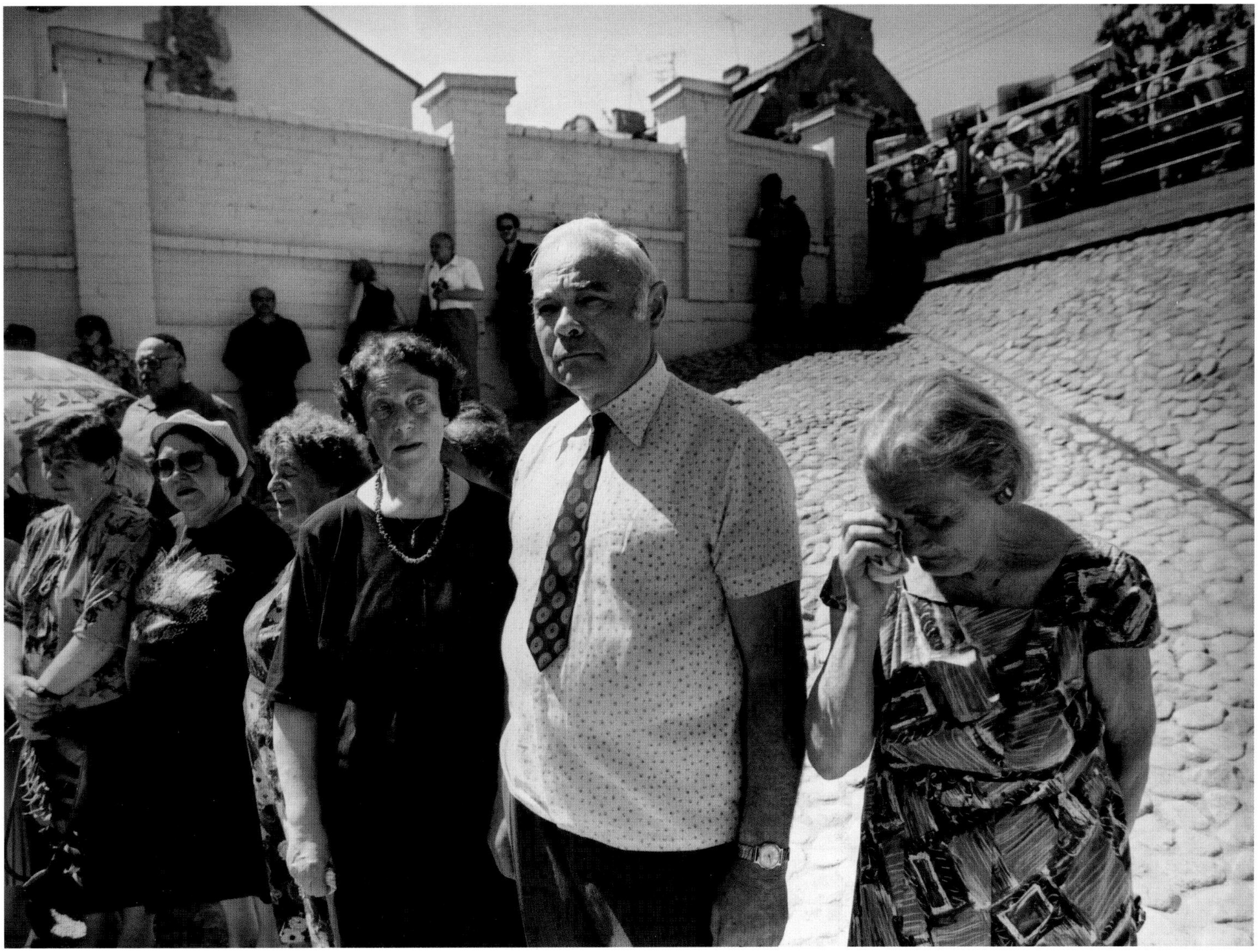

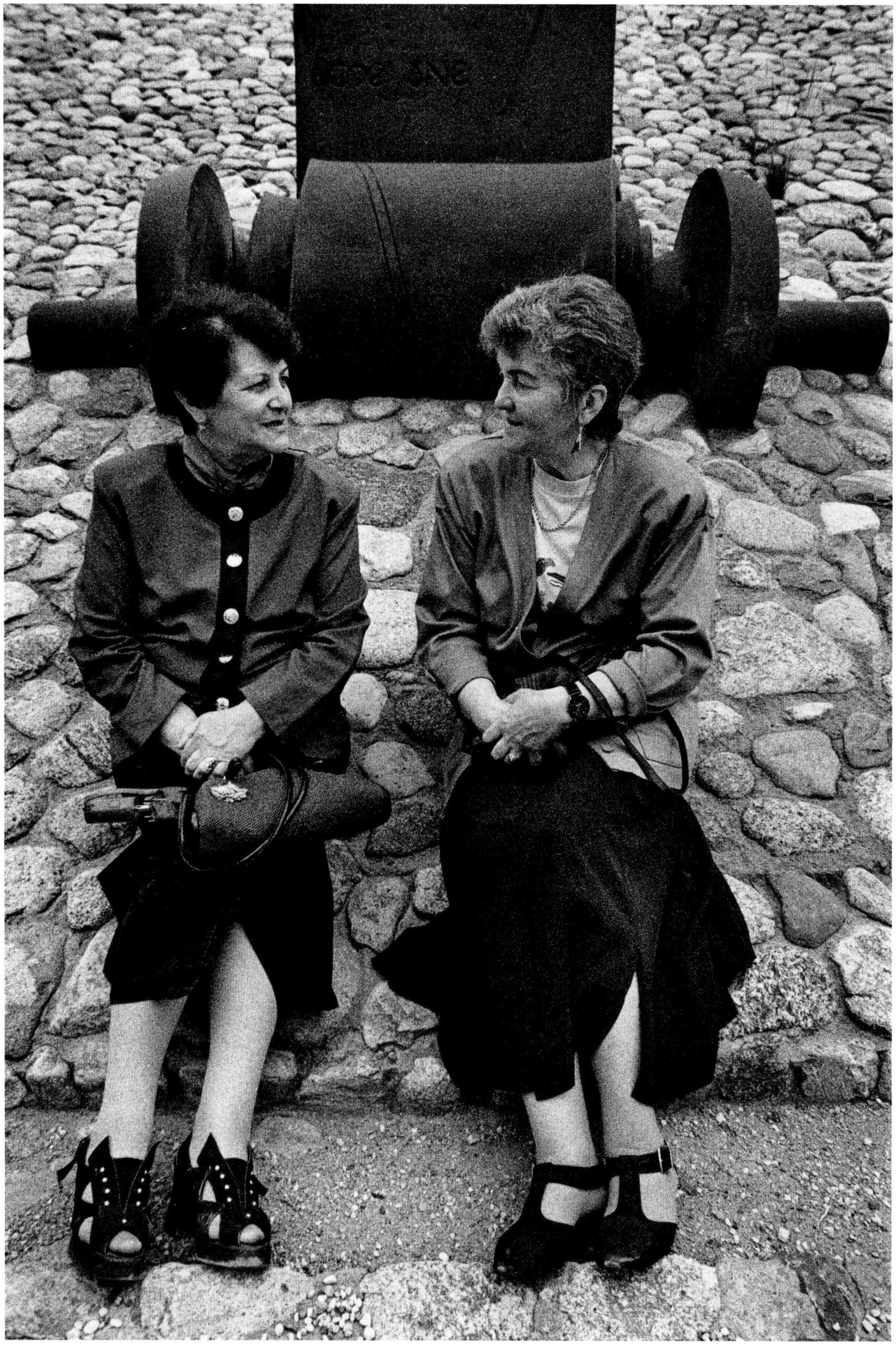

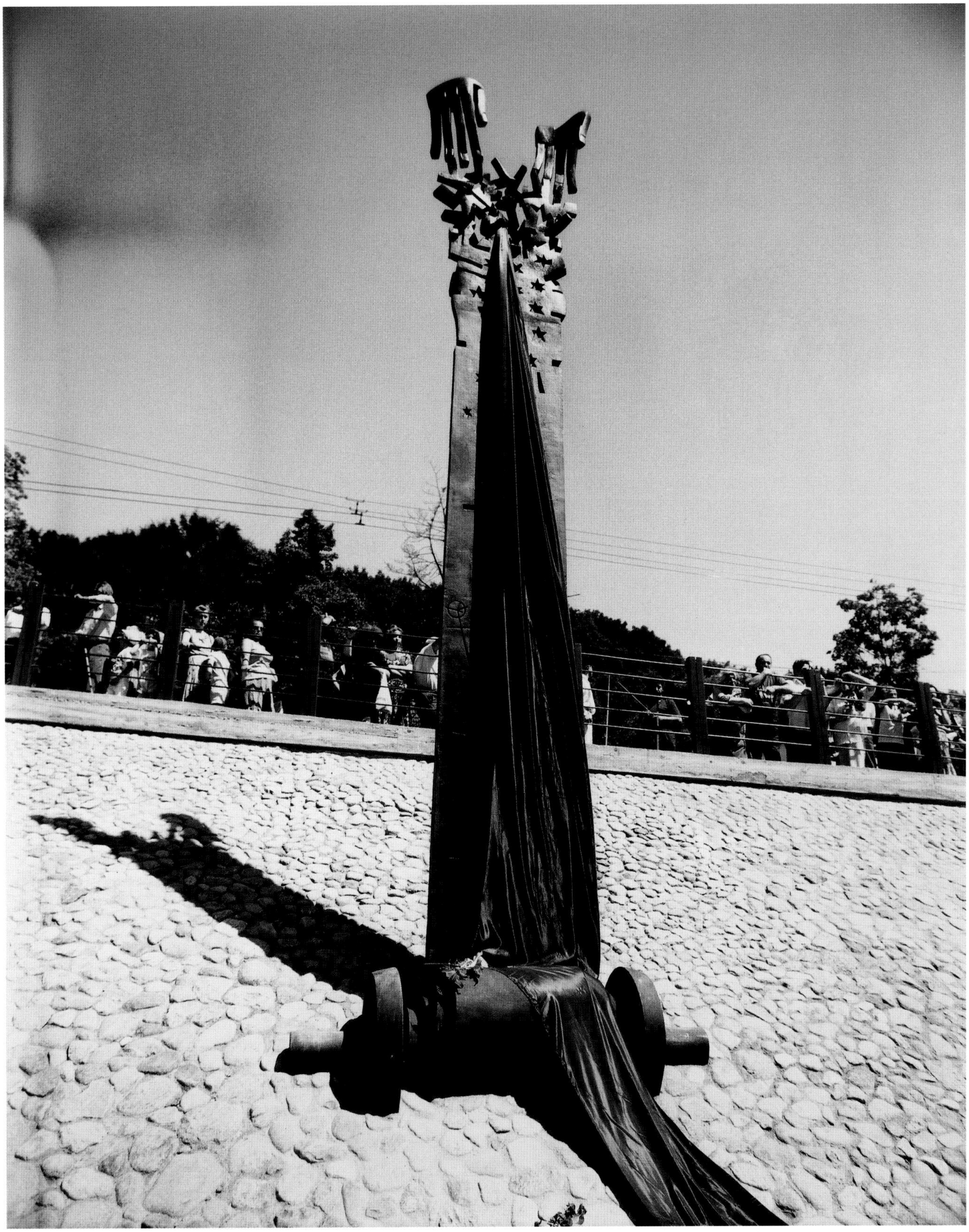

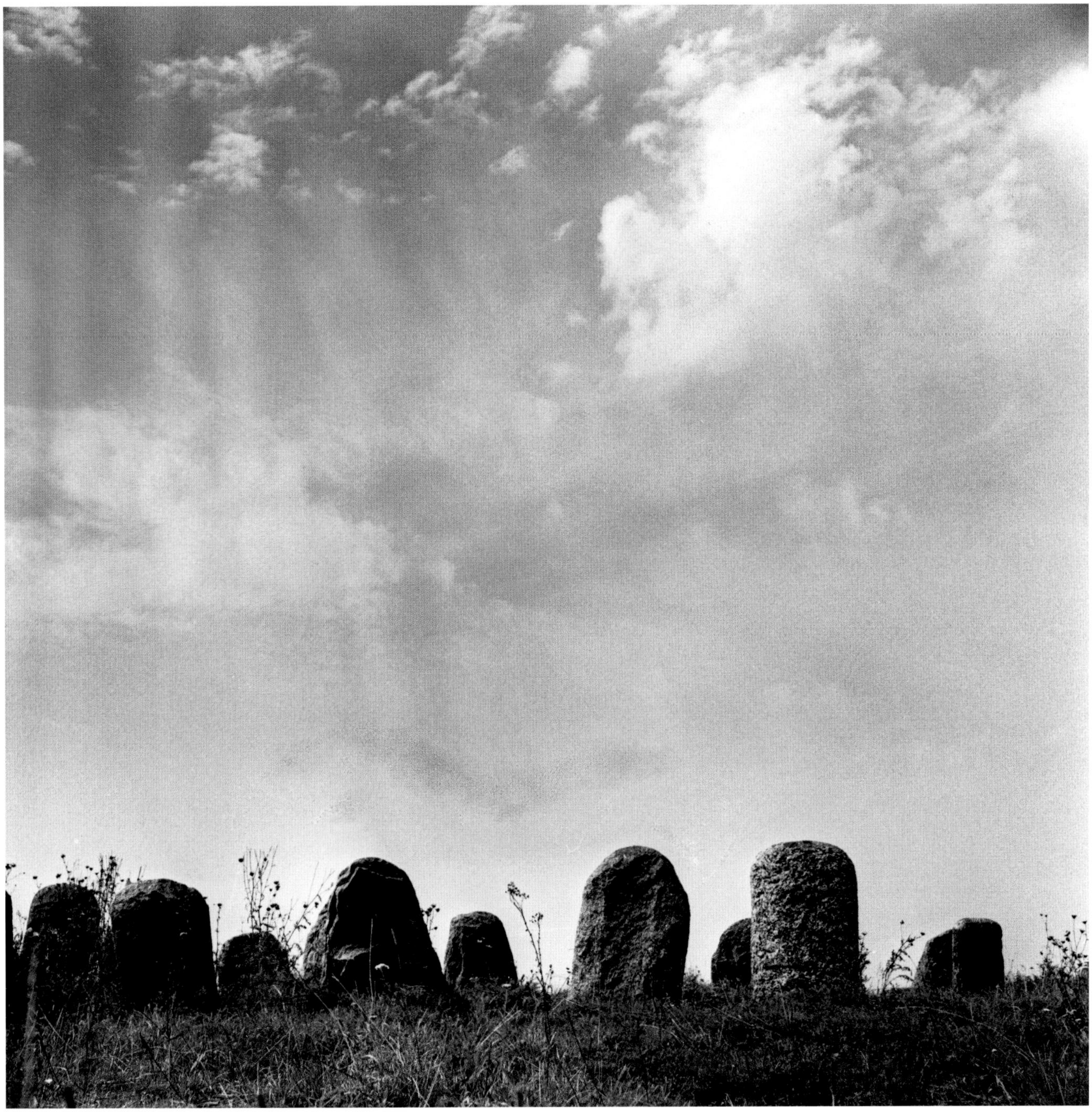

PHOTOGRAPHY IS BOUND UP WITH THE VIOLENCE OF SEEING

adam mazur

The photographer's talent lies in perceiving things that are invisible to others. The photographer's genius lies in persistently turning to face uncomfortable, discarded and even painful situations. Antanas Sutkus, born in 1939, is renowned for his portraits of Lithuanians: of beautiful women, authentic workers, rugged farmers and innocent children. The subtlety with which he captures his subjects can probably only be compared with the achievements of Henri Cartier-Bresson. The emotions and psychological tension inherent in the gestures of those subjects as they gaze into the lens lend his photographs a delicate sense of irony which arises from a humanist distance.

Sutkus might be reproached for a lack of criticism towards the Sovietization of Lithuania, his homeland. Forcibly annexed to the USSR, his country most probably suffered like no other republic after the war. The reproach is only partially justified, though, since the post-war humanist photography which Sutkus represents always manifested a delight in the world and the commonplace, as well as a love of life. From that perspective, life in Paris, Moscow, West Berlin and London is just as beautiful as life in Kaunas and Vilnius. That in Lithuania at the time the Soviets were imprisoning thousands of Lithuanians, torturing them and sending them into exile in Siberia, is essentially not important.

For centuries the Lithuania mythologized by Sutkus was a multicultural society where Poles, Russians, Latvians, Tatars, Germans, the local Belarusians, Samogitians and Jews lived in harmony and friendship. Without that multicultural component, *People of Lithuania* would come across as a beautiful but typical Soviet product striving to square away the differences between people: differences in class, culture and ethnicity. Sutkus is a brilliant photographer and so, in responding to commissions from Soviet publishers and the requirement for soft propaganda, he presented the Soviet world and, at the same time, created an enormous archive of photos which he undoubtedly never expected to see in books and exhibitions during his lifetime.

Those non-conformist photos include portraits of Lithuanian Jews taken between 1988 and 1995. The Jews were supposed to have disappeared and been forever forgotten. Massacred by the Nazis and their Lithuanian assistants, persecuted and exiled by the Soviets, condemned to extermination, they nevertheless survived. Now, they were posing for photos taken by the author of *People of Lithuania*.

At first glance, Sutkus' photos present ordinary people. There are middle-aged men and women. Old people, wounded by time, look into the lens. Expressionless gazes. Emotionless. Concentration … silence … sometimes a smile. Calm eyes, with no trace of hell. Sutkus intuitively avoids pathos, presenting fairly straightforward portraits. Drab Soviet citizens caught on the street by the photographer, as if in passing. Some of them were photographed indoors during meetings and conversations. Their clothes are plain, although many of the subjects have made an effort to look their best. We see them posing for the camera. What they do for a living, whether or not they have a family life or believe in God … none of that matters. All that connects them is the experience of the ghetto that they lived through in their childhoods and youth in Vilnius or Kaunas.

It is difficult to imagine the people in these photos as children in the ghetto: terrified, starving, valiant, and, just maybe, happy for a moment here and there. Their identity is borne out by single shots of a Jewish cemetery, of a Star of David pendant, of a rabbi saying *Kaddish*, or of official ceremonies at sites of torture and slaughter. The photos do not form a cohesive photojournalistic report on the topic in hand. Instead of a sweeping narrative, we glimpse mere fragments. The few who were saved seem embarrassed and uncomfortable with the situation. They smile artificially. Within this series of photographs, everyone finds an image of someone they can identify with.

There is a half-length portrait of chess grandmaster Leo Rozentalis taken at the end of a small, narrow side street. What catches our attention is the subject's wind-tousled hair and his unsmiling gaze as he looks straight into the lens. The side street in Vilnius' Jewish quarter is deserted. The walls of the low buildings are dilapidated and, just behind Rozentalis, a substantial container of some kind is blocking the road. This photo of the famous grandmaster, who was only two years old when the war broke out, can be interpreted metaphorically or psychologically. For their part, photography historians are struck by the allusion to pre-war images of the Vilnius Ghetto, brimming with life and full of poor but happy children playing on the sidewalk.

The photo also brings to mind Sutkus' famous shot of a girl leaning over a balcony and gazing after a Vilnius marathon runner as he disappears into an alley. As a mature fifty-year-old photographer Sutkus came down to earth to take the photo of the grandmaster, bypassing youth and physical beauty in order to look history in the face. Rozentalis was saved from execution at the disgraceful IX Fort in Kaunas by a widowed Lithuanian farmer, Petras Macijauskas. He and his four children hid the young Leo and kept him safe until Lithuania was liberated from the Nazis.

Studying the portrait of Rozentalis brings to mind *Stalemate*, a book by Icchokas Meras, a Lithuanian Jew whom the communists forced to immigrate to Israel. The central character and narrator is a youthful Lithuanian Jew, Izaac, known to his friends by a diminutive, Isia. He is a chess prodigy who finds himself coerced to play chess with the Nazi commandant of the ghetto. At stake is the lives of the Jewish children there. Isia cannot accept the situation and starts thinking about escaping, but his friend Janek, a Pole, explains to him:

> "You think that only the ghetto is a ghetto," Janek says to me. "You're wrong, Isia. There, outside—that, too, is a ghetto. The only difference is that our ghetto is fenced and that one has no fence."[1]

Agreeing with Janek is certainly possible when looking at Sutkus' photos and recalling his *People of Lithuania* series. Lithuanian Jews are no longer afraid to show their faces, but they are still alienated and ghettoized. During the war, recognition spelt death for a Jew. Jews were stigmatized and persecuted in the Soviet era too. It was better not to stand out, to hide in the crowd and just survive in spite of everything. Sutkus is sensitive, considerate and gentle in this, the first photographic documentation of Lithuanian Jews who were saved from the Shoa. It marks the start of an investigation into the uncomfortable truth about the victims and those who butchered them. It precedes the discussion that began with the collapse of the USSR and the rebirth of a free Lithuania. The process of regaining historical memory continues to this day.

Sutkus' early documentation is an attempt to count the saved and discern the loss. At the same time, it is both a tribute to the last of the Lithuanian Jews and a rounding out of what is his life's work, the *People of Lithuania* series. Importantly, his series of black-and-white portraits of Jews differs from his iconic shots. This is the possibility of another photography, another definition of *People of Lithuania*. Although there are some images of interesting situations, and even comical ones, in principle he has avoided anecdotes. With his humanist concept, Sutkus is more serious than usual. He neither pursues a motif nor waits for a decisive moment.

When we look at Sutkus' portraits of Lithuanian Jews, we can see not only his focus and attention, but also his difficulty in reaching the crux of the theme. He cannot break through the wall dividing him from his subjects. There is no joy at encountering another human being here. We continually see distrust. In the album published to accompany his "In Memoriam" exhibition, where his photographs of former prisoners of the Kaunas and Vilnius Ghettos were shown, he declared that:

> I instantly noticed that their faces were different. Their souls were revealed on their faces, the souls of those who have suffered extensively. And there was warmth. They talked to me and posed in front of my camera, but there wasn't so much as a single allusion to Jew killers. And, accordingly, I didn't want to rub salt into their wounds, to raise political or Holocaust issues, or to upset them when they were in front of the camera. I simply took pictures of people who had retained their dignity amidst the perils of the Holocaust. My maxim, which I'm faithful to at all times, is to show humanity, stamina and national character.[2]

In publications about the Shoa, including that bloody chapter which was the mass murder of Lithuanian Jews, photographs made during executions are making a comeback. Photography is bound up with the violence of seeing. In their own way, a photographer's subjects are his or her victims. Sutkus brings his circumspection to bear in an effort to mitigate this violent aspect and smooth out the situation whereby a Lithuanian "shoots" Jews. He does what a photographer can do: he documents, and in doing so he helps others to remember. He forces himself, the Lithuanians and us to look into the eyes of people who survived the Holocaust. He neither heroizes nor victimizes, but emphasizes ordinariness and even mediocrity.

This is acting against what we know and how we remember Lithuania's Jews, who were famed for their vitality, religiousness, pride, originality and manifold talents. They expressed their "stamina and national character" in culture: in literature, music, philosophy and art. Everything that ran contrary to poverty and social alienation was recorded in the photographs of Vilnius taken by Moshé Raviv-Vorobeichic, born Moï Ver, and Roman Vishniac. It fell to Sutkus to photograph the vestiges of the Lithuanian Jews' culture, which had endured for centuries and was brought to an end during the war by the Nazis and their battalions of Lithuanian auxiliaries.

The figures of the Lithuanian Jews chosen from among the handful who survived the Shoa could be viewed as portraits of "the last of their kind." This suggests a focus turned more towards individual people than families. In photography, it is not only what can be seen in the shot that is important, but also what lies beyond it. These adults, who were children or young people during the war, have children, grandchildren and relatives both close and distant. Jewish life stubbornly continues in Lithuania, although the era when the "Jerusalem of the North" shed its light right across Central and Eastern Europe will never return. The culture of the Lithuanian Jews is growing and flourishing in places a long way away from Kaunas and Vilnius: in the Republic of South Africa, in the United States, in Great Britain and, of course, in Israel. Sir Simon Schama, a historian whose direct roots include an Ashkenazi Jewish family from Kaunas, was right to record a remark made by a fellow historian, Isaac Deutscher, "Trees have roots [...] Jews have legs."[3] The Lithuanian Jews have scattered, but they have never forgotten Lithuania.

Antanas Sutkus contemplates the Jews of Lithuania and his photographic witness is something more than an epitaph. It is the beginning of mourning.

1 Icchokas Meras, *Stalemate: a novel*, trans. Jonas Zdanys (New York: Other Press LLC, revised edition, 2005), 29.

2 Antanas Sutkus in conversation with Artūras Morozovas, *In Memoriam*, translator not named (London: White Space Gallery, 2016), 109. The original English translation has been revised for this essay.

3 Simon Schama, *Landscape and Memory* (London: Harper Collins, 1995), 29.

THE KAUNAS GHETTO

neringa latvetė-gustaitienė
kamilė rupeikaitė
danutė selčinskaja

vilna gaon state
jewish museum

Jews first settled in Kaunas as early as the second half of the seventeenth century. Forbidden to live in the city, most of them made their homes in the Vilijampolė (known to Jews as Slabodka) settlement on the right bank of the Neris river.

Kaunas' Jewish population began to grow in the early decades of the nineteenth century, and before World War II it had reached nearly 33,000—about 30% of the town's population. After all residential and occupational restrictions on Kaunas Jews were withdrawn in the second half of the nineteenth century, the city began to take its place as a major center of Jewish cultural activity, enterprise and scholarship. Slobodka yeshiva, founded in 1882, was one of the largest and best known in Europe. In interwar Kaunas there were more than thirty synagogues, as well as a significant number of Yiddish schools, four Hebrew high schools, a Jewish hospital, and five Jewish daily newspapers.

After the declaration of Lithuania's independence in 1918, the situation grew difficult following Soviet Russia's invasion at the end of the same year. Jews were active in the fights for Lithuanian independence, and the national autonomy in cultural, religious, social and educational matters granted to them was unique in the history of ethnic minorities' rights. This was undertaken because the country needed the support of Jews in the primary stages of its independent state. After nationalists took power in 1926 following this upheaval, there were occasional cases of intolerance towards Jews, however the government condemned and redressed such abuse. From 1934, the number of Jewish students accepted into Vytautas Magnus University significantly decreased, Jews were driven out of business, and more negative statements appeared in the Lithuanian press.

Jewish life in Kaunas was first disrupted when the Soviet Union occupied Lithuania in June 1940, remaining there until June 22, 1941, when the Nazi army invaded the country. From June 23, 1941, Kaunas was controlled by the white arm-banders of the Lithuanian Activists Front (LAF), who arrested Jews on suspicion of collaborating with Soviet authorities. Two days later when the city came under the control of the Nazi army and the *Gestapo* (secret state police), the comprehensive persecution of Jews as a people, not merely as communists, began. Pogroms were proof of it. The solution to the "Jewish issue" lay in the hands of the *Gestapo* and *Einsatzgruppen* (death squads). In Kaunas, Unit 1b (*Sonderkommando 1b*) of *Einsatzgruppe A* commanded by *SS-Obersturmbannführer* Erich Ehrlinger was in operation. Chief of *Einsatzgruppe A* Franz Walter Stahlecker was tasked with organizing Jewish pogroms and killings, and securing local residents' support. He succeeded in coordinating a number of the armed pogroms carried out by Lithuanians. The first pogrom, led by Algirdas J. Klimaitis, took place on the night of June 26, while the largest occurred in Vilijampolė. Attacks by white arm-banders with guns, axes and sticks began on June 25 and continued until June 27. Over 1,500 Jews were killed, several synagogues were set on fire and about sixty Jews' houses were burnt down. They were beaten, sadistically humiliated in front of their families and killed inside their houses and on the streets. Kaunas Rabbi Ephraim Oshry, who witnessed such a pogrom, described it as "the horror unseen by the world." Killings also took place in the center of the city. One particularly vicious massacre was the murder of Jewish men in the Lietūkis garage in Kaunas on June 27, 1941. Local civilians brutally tortured between fifty to sixty Jews before killing them with crowbars—all witnessed by crowds and photographed by Nazi troops in broad daylight.

Following pogroms incited by the Nazis beginning in July 1941, systematic killings of Jews at the forts in Kaunas began.[1] The TDA (National Labor Defense) Battalion, based in Kaunas and later taken over by Nazi officials and reorganized into the Lithuanian Auxiliary Police Battalions (the Lithuanian equivalent of the *Schutzmannschaft*), eventually became the 12th and 13th Police Battalions; together with the *Gestapo* they took an active role in the mass murder of Jews in the IV, VII and IX Forts in Kaunas and the Kaunas districts of Lithuania and Belarus. The VII Fort was the first site of such killings (from the end of June until the beginning of July 1941); the number of victims was over 3,000. After the establishment of the Kaunas Ghetto, the IV Fort served as a killing site (between August and September 1941), and from September 26, 1941, massacres took place exclusively in the IX Fort.[2] On October 4, 1941, 1,845 Jews (818 children among them), the inmates of the small ghetto that was being liquidated, were murdered there. The Great Action—the largest massacre not only at the IX Fort but in all of Lithuania—took place on October 29, 1941. On October 28, the entire ghetto population had been ordered by the German authorities to gather on Demokratų Square in the Kaunas Ghetto, surrounded by Lithuanian, German and Ukrainian armed units of the auxiliary police battalions. *SS-Hauptscharführer* Helmut Rauca performed the selection—life or death—with one wave of his hand, to the left or to the right. Those sent to the right were shot at the IX Fort on October 29. These were 9,200 "unnecessary" Jewish men, women and children—about one third of the Kaunas Jewish community.

On July 10, 1941, Kaunas commandant Jurgis Bobelis and city mayor Kazys Palčiauskas, in response to the decree of Kaunas commissar Lentzen, issued an order for Jews to move to the ghetto in Vilijampolė before August 15. From July 12, all Jews in the city were to wear a yellow Star of David (8–10 cm in diameter) on the left side of their breast. From July 28, they were forbidden to walk in the streets, parks and squares, as well as to use public transport. Already by August 1, about 90 percent of the city's Jews had been moved to the ghetto. Fritz Jordan was then appointed commanding officer. By August 15, the Kaunas Ghetto was established and the first actions began. On August 18, the city commandant confirmed the Council of Elders (*Ältestenrat*) and Dr. Elchanan Elkes was elected chairman (*Oberjude*). The council was responsible for communicating with the Germans on administrative matters, and together with the ghetto police it was to keep order in the ghetto over about 30,000 people (before the war about 6,000 had lived in the area). The council members were confronted daily with extremely difficult problems: how to protect the people from starvation, disease and the constant threat of death. With meager resources at its disposal, the council was responsible for a total of seventeen offices. The ghetto police was established to maintain order. Much attention was paid to the prevention of contagious diseases; there was a hospital with qualified physicians and a sanitary service. About 9,000 able-bodied Jews were imprisoned in the ghetto; work made it possible to prolong their lives. The Council of Elders paid particular attention to the labor force and productivity, making efforts to have as many workers and enterprises as possible. Numerous ghetto workshops were of great importance, among them tailors, bakers, shoemakers, laundries, toy workshops, tinsmiths and saddle makers. Women toiled in the vegetable fields and many brigades went to work outside the ghetto.

The Council of Elders supported every initiative to boost the people's moral whenever possible: to teach children, to help the poor, to organize meetings and to stage performances and concerts. A school opened, at times a kindergarten was in operation, a children's choir formed; there were several clubs as well as a ballet studio. In the middle of 1942, the ghetto musicians formed a police orchestra (quite a number of musicians worked for the ghetto police), led by the famous violin virtuoso and conductor Michael Hofmekler, who before the war had been leader of the Hofmekler Brothers Ensemble and Metropolis Orchestra. The first symphonic concert took place in August 1942 at Slabodka yeshiva. And there were still other artists and poets in the ghetto—culture was the only way to help the imprisoned escape the horrors of their reality, at least temporarily.

At the end of 1941, underground Communist and Zionist resistance organizations were in operation; at Chaim Yelin's initiative they united into the Anti-Fascist Fighting Unit (AKO), with a membership of 500 and Yelin as their elected leader. The organization's main goal was active armed resistance against the Nazis; another aim was to make as many of its members as possible Soviet partisans. In the Kaunas Ghetto the underground organization collaborated with the ghetto police, which facilitated military training and arms acquisition. Its members also kept in touch and exchanged information with representatives of the Council of Elders. Underground members of the ghetto, together with the ghetto police, cooperated to rescue Jewish children by secretly removing them from the ghetto and bringing them to Lithuanian families. The Nazis threatened the local population with punishment including the death penalty, forbidding aid to Jews; nevertheless, hundreds of Lithuanians risked their lives sheltering Jews. From 905 of these rescuers, recognized in Yad Vashem as Righteous Among the Nations (as per 2019), 239 were former residents of Kaunas or Kaunas district.

At the beginning of October 1943, the Kaunas Ghetto was turned into the concentration camp KL Kauen. Its civilian authorities were replaced by *SS-Obersturmbannführer* Wilhelm Göcke, who was appointed commandant of the camp. Control of the ghetto became stricter—its self-government was abolished and amateur activities forbidden. With Nazi positions weakening at the front, in November 1943 a team was formed to exhume and burn the dead at IX Fort, in order to hide the scope of their crimes. It consisted of 64 prisoners—ghetto Jews and POWs. Realizing what awaited them when their work was finished, they managed to escape on November 25, 1943.

On March 27–28, 1944, the *Gestapo*, aided by Ukrainian and Vlasov troops, carried out the extremely atrocious "Children's Action" at KL Kauen, where children under the age of twelve were bereaved from their mothers, thrown into trucks and taken away. Adults over 55 and disabled persons were similarly deported. After two days of hunting, more than 1,000 people were taken to Auschwitz, and approximately 300 were shot at the IX Fort.

On July 8–12, 1944, the Kaunas Ghetto was liquidated and its buildings set on fire. Between 6,000 and 7,000 Jews were taken to the Nazi concentration camps in Dachau and Stutthof; about 1,000 were killed during liquidation, while about 300 or 400 managed to escape. On August 1, 1944, the Red Army entered Kaunas.

> In Walter Reich's words: "The ghetto in the city of Kovno, Lithuania, was a place in which Jews were confined, fed starvation rations and forced to do slave labor until they were killed. It was a place in which, from time to time, hundreds or thousands of Jews were rounded up for execution by the Germans and their Lithuanian collaborators. It was a place in which impossible choices were foisted on a leadership that sought to protect a community from an unthinkable fate. It was a place in which Jews did all that they could to endure, sustain their dignity, hold on to their traditions, defy their oppressors through creativity and community, and resist them by finding ways, in the face of impossible realities, to physically fight back."[3]

According to various sources, between 250 and 400 of the Kaunas Ghetto children were successfully hidden and survived the Holocaust. 80 percent of the ghetto inmates sent to Nazi concentration camps were killed before liberation. Most survivors did not return to Lithuania and instead reached Palestine, the United States and Canada. Only about 500 Kaunas Jews, who were members of the Kaunas Ghetto underground resistance, had managed to survive in forests. Many Jews left Lithuania illegally up until 1948. The majority of those who could not leave Soviet Lithuania gathered in Vilnius and Kaunas; due to the strong anti-Semitic mood in the provinces, it was unsafe to remain there.

An idea to establish a Jewish Museum in Kaunas was raised, however in November 1944 the Soviet authorities only gave permission to establish the Jewish Museum in Vilnius, which closed in 1949 due to harsh anti-Semitic Stalinist policy, along with Jewish schools, kindergartens and orphanages. Jewish history, culture and traditions were not raised as a subject of public discussion for the next forty years.

The first repatriation from Lithuania to Israel began in early 1950s, reuniting separated families. Eventually, in the early 1970s, the quota for Soviet Lithuanian Jews was expanded and more Jews were able to leave for Israel and the United States. Today the Lithuanian Jewish community consists of less than 4,000 people, about 350 of whom live in Kaunas.

Among the survivors of the Kaunas Ghetto are Professor Irena Veisaitė, her cousin the doctor of political sciences Alexander Shtromas, the famous director of theaters in Moscow Kama Ginkas, Tamara Lazerson-Rostovsky, who during the war was fourteen years old and wrote her diary in the Kaunas Ghetto, architect Moshe Rosenblum, Fruma Vitkinaitė-Kučinskienė, Leo Rozentalis and Tobijas Jafetas.

1 Constructed at the end of the nineteenth century to defend tsarist Kaunas from possible enemies, the nine forts surrounded the city. After World War I they lost their strategic importance and were abandoned. Later they were used by the army of the Lithuanian Republic being formed, as well as for various public purposes; for example in the interwar period the IX Fort served as a prison.

2 The Special Soviet Commission for Investigating and Researching Crimes Committed by the German Nazis was formed in August 1944. It established that about 50,000 people were killed at the IX Fort; most of them were Lithuanian Jews, while about 10,000 Jews had been brought from Austria, Germany and France. Some historians maintain the figure was lower.

3 Walter Reich, foreword to *Hidden History of the Kovno Ghetto*, ed. Dennis B. Klein (Boston: Little, Brown and Co. with the United States Holocaust Memorial Museum, first edition, 1997), 8.

FOTOGRAFIJA KAIP MATYMO PRIEVARTA

adam mazur

Fotografo talentas – gebėti įžvelgti dalykus, nepastebimus kitiems. Fotografo genijus atkakliai grįžta prie nepatogių, išstumtų ar net skaudžių situacijų. Antanas Sutkus (g. 1939) yra garsus lietuvių – dailių moterų, autentiškų darbininkų, šiurkščių žemdirbių, tyrų vaikų – portretais. Subtilumas, kuriam pagava prilygtų nebent *Henri Cartier-Bressono* darbai. Gestuose įsispaudusios emocijos ir psichologinė modelių, žvelgiančių į objektyvą, įtampa Sutkaus fotografijose nuspalvintos delikačios, iš humanistinės distancijos kilusios ironijos. Vis dėlto monumentaliajam ciklui *Lietuvos žmonės* kažin ko stinga. Būtų galima autoriui prikišti, kad stokoja kritiško požiūrio į gimtąją Lietuvą, prievarta prijungtą prie TSRS ir po karo kentėjusią kaip jokia kita respublika. Ši kritika tik iš dalies teisinga, nes Antano Sutkaus reprezentuojama humanistinė pokario fotografija visuomet manifestavo susižavėjimą pasauliu, kasdienybe ir meilę gyvenimui. Iš tokios perspektyvos gyvenimas Paryžiuje, Maskvoje, Vakarų Berlyne ar Londone yra toks pat gražus kaip Kaune ar Vilniuje. Ir iš tikrųjų tampa nesvarbu, kad kaip tik tuo laiku sovietai Lietuvoje kalina, kankina ir į Sibirą siunčia tūkstančius lietuvių.

Sutkaus mitologizuota lietuvių visuomenė per amžius buvo daugiakultūrė, joje taikiai ir draugiškai sugyveno lenkai, rusai, latviai, totoriai, vokiečiai, vietiniai baltarusiai, žemaičiai ir žydai. Be šio daugiakultūrio komponento *Lietuvos žmonės* tebūtų gražus, bet tipiškai sovietinis produktas, siekiantis sulyginti skirtumus tarp žmonių – klasinius, kultūrinius, etninius. Sutkus yra genialus fotografas, taigi, atlikdamas tarybinių leidyklų ir švelniosios propagandos užsakymus, jis vaizduoja sovietinį pasaulį ir tuo pat metu kuria gigantišką fotografijų, kurių tikriausiai nesitiki gyvas būdamas išvysti knygose ar parodose, archyvą. Tokioms nekonformistinėms nuotraukoms priklauso ir Lietuvos žydų portretai iš 1988–1995 metų. Žydai turėjo kartą ir visiems laikams išnykti ir paskęsti užmarštyje. Žudyti nacių ir jiems padėjusių lietuvių, persekioti ir tremti sovietų, pasmerkti išnykti – nepaisant visko, išliko. Dabar jie pozuoja *Lietuvos žmonių* autoriui.

Iš pirmo žvilgsnio atrodo, kad Antano Sutkaus fotografijose vaizduojami įprasti žmonės. Vidutinio amžiaus vyrai ir moterys. Į objektyvą žvelgia laiko sužaloti senoliai. Žvilgsniai be išraiškos. Be emocijų. Susikaupimas, tyla, kartais šypsnys. Ramios akys, jokio pragaro. Sutkus intuityviai vengia patoso, kuria tipinius portretus. Pilki sovietiniai piliečiai, tarsi netyčia fotografo pagauti gatvėje. Kai kuriuos Sutkus fotografuoja viduje, susitikimų ir pokalbių metu. Apsirengę paprastai, nors daugelis stengiasi atrodyti šventiškai. Matyti, kaip pozuoja prieš fotoaparatą. Nesvarbu, kuo jie užsiima, ar turi šeimas, ar tiki Dievą. Vienintelis juos siejantis dalykas – tai išgyvenimai Vilniaus ir Kauno getuose, patirti vaikystėje ir jaunystėje. Nuotraukų herojus sunku įsivaizduoti kaip geto vaikus – įbaugintus, išbadėjusius, drąsius, retkarčiais galbūt net laimingus. Personažų tapatybę liudija pavieniai kadrai iš žydų kapinių, Dovydo žvaigždės formos pakabukas, kadišą giedantis rabinas, oficialūs minėjimai žudynių vietose. Nuotraukos nesugula į nuoseklų fotoreportažą šia tema. Vietoj ilgo pasakojimo matome tik fragmentus. Negausūs išgyvenusieji atrodo susigėdę ir sukaustyti padėties. Nenatūraliai šypsosi. Nuotraukų serijoje kiekvienas ras portretą žmogaus, su kuriuo galėtų susitapatinti. Dėmesį traukia Leo Rozentalio portretas, darytas siauros gatvelės gale – vyras ištaršytais plaukais ir paniurusiu žvilgsniu, žvelgiantis tiesiai į objektyvą. Gatvelė Vilniaus žydų rajone ištuštėjusi. Neaukštas mūrinis pastatas apsilaupęs, o gatvelės viduryje, iškart už Rozentalio, stūkso kelią užgriozdęs automobilis. Žymiojo šachmatų didmeistrio, kuriam karo pradžioje tebuvo dveji, fotografijas galima aiškinti metaforiškai arba psichologiškai. Fotografijos istoriką gi pribloškia palyginimas su ikikarinio Vilniaus geto, pilno gyvybės ir ant grindinio žaidžiančių neturtingų, bet laimingų vaikų, vaizdais. Ši fotografija primena ir garsiąją Sutkaus nuotrauką su išsisvėrusia per balkoną mergina, lydinčia akimis Vilniaus gatvele bėgantį maratono bėgiką. Kurdamas Rozentalio portretą Sutkus, brandus penkiasdešimtmetis fotografas, nusileidžia ant žemės, nusisuka nuo jaunystės ir fizinio grožio, kad pažvelgtų istorijai į veidą. Rozentalį su seserimis nuo egzekucijos liūdnai pagarsėjusiame Kauno IX forte išgelbėjo lietuvis ūkininkas Petras Macijauskas, slapstęs juos lietuvių šeimoje, kol sulaukė Lietuvos išlaisvinimo nuo nacių. Garsiojo šachmatų meistro portretas primena Icchoko Mero, Lietuvos žydo, komunistų priversto emigruoti į Izraelį, romaną *Lygiosios trunka akimirką*. Pagrindinis herojus berniukas, draugų meiliai vadinamas Izia, su geto komendantu žaidžia šachmatais iš geto žydų vaikų gyvybių. Izia negali susitaikyti su padėtimi, planuoja bėgti, tačiau bičiulis lenkas jam paaiškina:

> „– Tu galvoji, kad tiktai getas yra getas, – sako man Janekas. – Neteisingai galvoji, Izia. Ten, toliau, – irgi getas. Visas skirtumas tik tas, kad mūsų getas aptvertas, o anas be tvoros.“[1]

Žiūrint į Sutkaus nuotraukas, prisimenant ciklą *Lietuvos žmonės*, belieka Janekui pritarti. Lietuvos žydai jau nebebijo pasirodyti, bet tebėra atskirti, tarsi būtų gete. Karo metais atpažinimas žydui reiškė mirtį.

Žydai ir Tarybų Sąjungos laikais buvo niekinami ir persekiojami. Geriau buvo neišsiskirti, ištirpti minioje ir bandyti išgyventi nepaisant nieko. Sutkus yra subtilus ir netgi – tai jam nebūdinga – nedrąsus. Tai pirmasis fotografinis dokumentas apie Šoa išgyvenusius Lietuvos žydus. Tai nepatogios tiesos apie aukas ir budelius suvokimo pradžia, pralenkusi diskusiją, kilusią po TSRS žlugimo ir atkūrus laisvą Lietuvą. Ankstyvasis Antano Sutkaus liudijimas – tai bandymas suskaičiuoti išgyvenusius ir suvokti netektį. Kartu tai duoklė paskutiniams litvakams ir Sutkaus viso gyvenimo kūrinio – ciklo *Lietuvos žmonės* – pabaiga. Svarbu pastebėti, kad juodai baltų žydų portretų ciklas yra kitoks nei ikonomis virtę garsieji Sutkaus kadrai. Tai kitokios fotografijos, kitokia galimybė apibrėžti *Lietuvos žmones*. Nors pasitaiko ir netikėtų kadrų, netgi linksmų situacijų, dažniausiai autorius vengia sąmojo. Savo humanistine maniera jis rimtesnis nei paprastai. Nesivaiko motyvų ir nelaukia lemtingų momentų.

Žvelgdami į Lietuvos žydų portretus matome ne tik Antano Sutkaus susikaupimą ir dėmesį, bet ir nelengvas pastangas prisikasti iki temos esmės. Sutkus negali įveikti sienos, skiriančios jį nuo personažų. Čia nėra susitikimo su kitu žmogumi džiaugsmo. Matome nuolatinį nepasitikėjimą. Parodos *In Memoriam,* kurioje buvo eksponuojami buvusių Vilniaus ir Kauno getų kalinių nuotraukos, proga išleistoje knygoje Antanas Sutkus sako:

> „Iškart pastebėjau, kad jų veidai skiriasi. Galbūt ne veidai, bet dvasia. Tai daug iškentusių žmonių dvasia. Tačiau iš jų pajutau šilumą. Kalbėdami su manimi, fotografuodamiesi, nė vienas nekėlė klausimo apie žydšaudžius. O aš, savo ruožtu, neaitrinau bendravimo politiniais ir holokausto klausimais, nenorėjau specialiai jaudinti prieš objektyvą. Juos fotografavau kaip žmones, kurie išlaikė orumą per ilgą holokausto pragarą. Toks mano moto buvo visuomet, fotografuojant Lietuvos žmogų – parodyti žmogiškumą, tvirtumą, nacionalinį charakterį.“[2]

Leidiniuose apie Šoa – taip pat ir kruvinajame skyriuje apie masines Lietuvos žydų žudynes – vėl fotografuojamos egzekucijos. Fotografija yra susijusi su matymo prievarta. Modeliai yra tarsi fotografo aukos. Atsargumu Sutkus bando susilpninti šį prievartos aspektą ir sušvelninti situaciją, kurioje lietuvis „taikosi“ į žydus. Sutkus daro tai, ką fotografas gali daryti – dokumentuoja ir taip padeda mums prisiminti. Jis verčia save, lietuvius ir mus žvelgti į akis žmonėms, pergyvenusiems Šoa. Sutkus nekuria herojų, nekuria aukų, jis tik pabrėžia įprastumą, net vidutinybę. Tai visiškai priešinga tam, ką žinome apie litvakus, kaip juos prisimename – žydus, garsėjusius gyvybingumu, religingumu, išmintimi, originalumu ir įvairiausiais talentais. Lietuvos žydai savo ištvermę ir tautinį charakterį atskleidė kultūroje – literatūroje, muzikoje, filosofijoje, mene. Visa tai nepaisant neturto ir visuomeninės atskirties, įamžintų Vilniaus fotografų Moi Ver (Mošės Vorobeičiko) ar Romano Višniako. Antanui Sutkui teko fotografuoti šimtmečiais Lietuvoje gyvavusios litvakų kultūros likučius, karo metu sunaikintos nacistų ir jiems padėjusių lietuvių batalionų. Figūros, atsirinktos iš saujelės Šoa išgyvenusių Lietuvos žydų, gali būti traktuojamos kaip „paskutiniųjų litvakų“ portretai. Tokią mintį perša ir susitelkimas ne tiek į šeimas, kiek į pavienius asmenis. Fotografijoje svarbu ne tik tai, kas matyti nuotraukoje, bet ir tai, kas lieka už jos. Tie suaugę žmonės karo metais buvo vaikai arba jaunuoliai, jie patys turi vaikų ir anūkų, artimesnių ir tolimesnių giminių. Žydų gyvenimas Lietuvoje atkakliai tęsiasi, nors ir nebegrįš laikai, kai „Šiaurės Jeruzalė“ spindėjo visoje Vidurio ir Rytų Europoje. Litvakų kultūra auga ir klesti toli nuo Kauno ir Vilniaus – PAR, Jungtinėse Valstijose, Didžiojoje Britanijoje ir, aišku, Izraelyje. Teisus iš Kauno žydų aškenazių giminės kilęs Simonas Scham rašydamas, kad medžiams duotos šaknys, o žydams – kojos.[3] Litvakai pasklido po pasaulį, bet Lietuvos nepamirš niekada. Antanas Sutkus stebi Lietuvos žydus, ir jo fotografinis liudijimas yra daug daugiau nei epitafija – tai gedėjimo pradžia.

1 Icchokas Meras, Staklemate: a novel (Lygiosios trunka akimirką), vertė. Jonas Zdanys (New York: Other Press LLC, revised edition, 2005), 29. Prieiga per internetą: *https://www.amazon.com/Stalemate-Novel-Icchokas-Meras/dp/1590511565#reader_1590511565, žiūrėta 02.06.2019.*

2 Antano Sutkaus pokalbis su Artūru Morozovu, In Memoriam (London: White Space Gallery, 2016), 109.

3 Simon Schama, Landscape and Memory (London: Harper Collins, 1995), 29.

KAUNO GETAS

neringa latvetė-gustaitienė
kamilė rupeikaitė
danutė selčinskaja

Valstybinis Vilniaus
Gaono žydų muziejus

Žydai Kaune pradėjo kurtis XVII a. antroje pusėje. Kadangi jiems nebuvo leista gyventi mieste, dauguma apsistojo Vilijampolėje (žydų vadinta Slabodke) – gyvenvietėje ant dešiniojo Neries kranto.

Kauno žydų populiacija ėmė augti ankstyvaisiais XIX a. dešimtmečiais. Prieš Antrąjį pasaulinį karą ji siekė arti 33 000 (apie 30 % miesto gyventojų). XIX a. antroje pusėje, kai Kauno žydams buvo atšaukti gyvenamosios vietos ir įsidarbinimo apribojimai, miestas ėmė darytis svarbiu žydiškos kultūrinės veiklos, amatų, mokslo centru. 1882 m. įkurta Slabodkės ješiva buvo viena didžiausių ir žinomiausių Europoje. Tarpukario Kaune veikė daugiau nei trisdešimt sinagogų, daugybė jidiš mokyklų, keturios hebrajų mokyklos ir žydų ligoninė. Kasdien pasirodydavo penki žydiški laikraščiai.

1918 m. Lietuvai paskelbus nepriklausomybę situacija komplikavosi, kadangi tų pačių metų gale prasidėjo sovietinės Rusijos invazija. Žydai aktyviai įsitraukė į kovas už Lietuvos nepriklausomybę. Jiems suteikta tautinė autonomija kultūriniais, socialiniais ir švietimo klausimais buvo unikalus atvejis etninių mažumų teisių istorijoje. Taip buvo elgiamasi todėl, kad ankstyvojoje nepriklausomybės stadijoje valstybei reikėjo žydų paramos. Po 1926 m. perversmo valdžią perėmė tautininkai, ir prasidėjo pavieniai žydų diskriminacijos atvejai, tačiau vyriausybė pasmerkdavo skriaudikus ir stodavo teisybės pusėn. Nuo 1934 m. gerokai sumažėjo priimtų studijuoti į Vytauto Didžiojo universitetą žydų kilmės studentų. Žydai buvo nušalinami nuo ekonominių reikalų, lietuviškoje spaudoje daugėjo negatyvių pareiškimų.

Lietuvą 1940 m. birželio mėn. – 1941 m. birželio 22 d. okupavus Sovietų sąjungai, o po jos į šalį įžengus nacių kariuomenei, žydų gyvenimas Kaune apkarto. Nuo 1941 m. birželio 23 d. Kaunas buvo kontroliuojamas Lietuvos aktyvistų fronto (LAF) baltaraiščių, kurie areštuodavo žydus, įtariamus kolaboravus su Sovietų valdžia. Po dviejų dienų, birželio 25 d., kai miestas pateko į nacių kariuomenės ir saugumo policijos rankas, prasidėjo žydų jau ne kaip komunistų, o kaip tautos persekiojimas. Tai patvirtino pogromai. Žydų klausimo sprendimas buvo perduotas nacių saugumo policijai ir SD operatyvinėms grupėms bei jų padaliniams. Kaune veikė SS oberšturmbanfiurerio Ericho Ehrlingerio vadovaujamos operatyvinės grupės A padalinys 1b (*Sonderkommando* 1b). Operatyvinės grupės A vadas Franzas Walteris Stahleckeris gavo užduotį rengti žydų pogromus ir žudymus bei užtikrinti vietinių gyventojų palaikymą. Jam pasisekė suorganizuoti keletą ginkluotų pogromų, kuriuos realizavo lietuviai. Pirmajam pogromui vadovavo Algirdas J. Klimaitis, jis buvo surengtas birželio 26 d. naktį. Didžiausi pogromai vyko Vilijampolėje. Baltaraiščių antpuoliai su ginklais, kirviais ir pagaliais prasidėjo birželio 25 d. ir tęsėsi iki birželio 27 d. Nužudyta virš 1 500 žydų, padegtos kelios sinagogos ir sudeginta apie 60 žydų namų. Žydai buvo mušami, sadistiškai žeminami šeimų akivaizdoje, o paskui nužudomi namuose arba gatvėje. Pogromą savo akimis matęs Kauno rabinas Efraimas Ošris nusakė šį įvykį kaip „tokį košmarą, kokio pasaulis dar nematė“. Žudoma buvo ir miesto centre. Išskirtinai žiaurios skerdynės 1941 m. birželio 27 d. vyko Kauno „Lietūkio“ garaže. Vietiniai civiliai miesto centre geležiniais strypais užmušė apie 50–60 žydų, prieš tai žiauriai juos nukankinę. Tai dėjosi vidury baltos dienos, viską stebėjo miestiečių minia, fotografavo nacių kariškiai.

Po nacių inicijuotų pogromų, 1941-ųjų liepą prasidėjo sisteminis žydų naikinimas Kauno fortuose.[1] Nacių administracija perėmė Kaune veikusį Tautinio darbo apsaugos (TDA) batalioną ir pertvarkė į Lietuvos pagalbinį policijos tarnybos batalioną (lietuviškas *Schutzmannschaft* ekvivalentas), kuris vėliau paverstas 12-uoju ir 13-uoju policijos batalionais ir kartu su gestapininkais aktyviai dalyvavo masiniame žydų naikinime IV, VII ir IX fortuose Kaune ir jo rajone, Lietuvoje ir Baltarusijoje. Masinis žydų naikinimas prasidėjo VII forte 1941 m. birželio pabaigoje – liepos pradžioje. Aukų skaičius viršijo 3 000. Įsteigus Kauno getą, IV fortas ėmė tarnauti kaip žudymo vieta (1941 m. rugpjūtis–rugsėjis), o nuo 1941 m. rugsėjo 26 d. naikinimas vyko tik IX forte.[2] 1941 m. spalio 4 d. jame žuvo 1 845 žydai (iš jų 818 vaikų) – tai buvo gyventojai iš likviduoto Mažojo geto. Masiškiausios žudynės ne tik IX forto, bet ir visos Lietuvos mastu – Didžioji akcija – surengtos 1941 m. spalio 29 d. Jų išvakarėse, spalio 28 d., vokiečių valdžia visiems geto gyventojams įsakė susirinkti Kauno geto Demokratų aikštėje. Aikštę apsupo ginkluoti pagalbinio policijos bataliono būriai: lietuviai, vokiečiai ir ukrainiečiai. SS hauptšarfiureris Helmutas Rauca vienu rankos mostu darė atranką – gyventi ar mirti – į kairę ar į dešinę. Tie, kuriuos jis nusiuntė „į dešinę“, spalio 29 d. buvo sušaudyti IX forte. Tai buvo „nereikalingi“ žydai – vyrai, moterys ir vaikai – 9 200 žmonių, maždaug trečdalis Kauno žydų bendruomenės.

1941 m. liepos 10 d. Kauno komendantas Jurgis Bobelis ir burmistras Kazys Palčiauskas, reaguodami į Kauno komisaro Lentzeno nurodymą, išleido įsakymą, kad iki rugpjūčio 15 d. visi žydai turi persikraustyti į Vilijampolės getą. Nuo 1941 m. liepos 12 d. miesto žydai kairėje krūtinės pusėje privalo segėti geltoną Dovydo žvaigždę (8–10 cm skersmens). Nuo liepos 28 d. jiems uždrausta vaikščioti gatvėse, parkuose ir aikštėse, taip pat naudotis viešuoju transportu. Iki 1941 m. rugpjūčio 1 d. apie 90 % miesto žydų buvo perkelti į getą. Geto komendanto pareigos atiteko Fritzui Jordanui. Kai 1941 m. rugpjūčio 15 d. Kauno geto steigimas buvo baigtas, prasidėjo pirmosios akcijos. Rugpjūčio 18 d. miesto komendantas patvirtino Seniūnų tarybą *(Ältestenrat)*. Jos pirmininku (*Oberjude*) išrinktas Dr. Elchananas Elkesas. Taryba buvo atsakinga už administracinį komunikavimą *su vokiečiais*. Drauge su geto policija Seniūnų taryba turėjo prižiūrėti tvarką uždaroje teritorijoje (prieš karą teturėjusioje apie 6 000 gyventojų), kurioje dabar jų buvo sutalpinta 30 000. Tarybos nariai diena iš dienos bandė dorotis su dideliais sunkumais: stengėsi apsaugoti žmones nuo bado, ligų ir nuolatinio mirties pavojaus. Turėdama ribotus resursus, taryba prižiūrėjo septyniolika skyrių. Geto policija buvo įsteigta tam, kad palaikytų bendrąją tvarką. Daug dėmesio skirta infekcinių ligų prevencijai, veikė ligoninė su kvalifikuotais gydytojais ir sanitarine tarnyba. Gete buvo įkalinta apie 9 000 fiziškai pajėgių žydų, darbas jiems reiškė galimybę ilgesnį laiką išlikti gyviems. Seniūnų taryba ypatingą dėmesį skyrė darbo jėgai ir produktyvumui, siekdama turėti kiek įmanoma daugiau darbininkų ir darbo vietų. Labai svarbią *vietą* gete užėmė *įvairios* dirbtuvės: siuvykla, kepykla, skalbykla, žaislų dirbtuvės, batsiuviai, šaltkalviai, balnadirbiai ir kiti. Moterys plušo daržuose. Nemažai brigadų vykdavo dirbti už geto ribų.

Seniūnų taryba kaip įmanydama rėmė kiekvieną iniciatyvą, keliančią žmonių dvasią: ragino mokyti vaikus, padėti skurstantiems, organizuoti susirinkimus, statyti spektaklius, rengti koncertus. Atidaryta mokykla, kartais dirbdavo vaikų darželis, suburtas vaikų choras, veikė keletas klubų ir baleto studija. 1942-ųjų viduryje geto muzikantai suformavo policijos orkestrą (mat dauguma jų priklausė geto policijai), vadovaujamą garsaus smuiko virtuozo ir dirigento Michaelio Hofmeklerio, kuris prieš karą buvo brolių Hofmeklerių ansamblio bei „Metropolio" orkestro vadovas. Pirmasis simfoninis koncertas įvyko 1942 m. rugpjūtį Slabodkės ješivoje. Gete gyveno ir kitų sričių artistai, poetai. Kultūra žmonėms tapo vieninteliu, nors ir laikinu, išsigelbėjimu nuo siaubingos tikrovės.

1941 m. pabaigoje pogrindyje veikė komunistų ir zionistų pasipriešinimo organizacijos. Chaimo Jelino iniciatyva jos buvo sujungtos į Antifašistinę kovos organizaciją (AKO), kuri išaugo iki 500 narių, o Jelinas išrinktas jos vadu. Organizacijos tikslas – aktyvus ginkluotas pasipriešinimas naciams. Dar vienas siekis buvo išvesti kiek galima daugiau jos narių pas sovietų partizanus. Kauno geto ribose pogrindinė organizacija bendradarbiavo su geto policija, kuri teikė karinį parengimą ir parūpindavo ginklų. Nariai palaikė ryšį ir keitėsi informacija su Seniūnų tarybos atstovais, kooperavo su geto policija gelbėjant žydų vaikus: slapta išgabendavo juos iš geto ir perduodavo lietuvių šeimoms. Naciai perspėjo vietinius gyventojus, kad už pagalbą žydams bus baudžiama, ir netgi grasino mirties bausme, bet visgi šimtai lietuvių rizikavo savo gyvybe slapstydami žydus. Tarp 905 Lietuvos žydų gelbėtojų, „Yad Vashem" pripažintų pasaulio tautų teisuoliais (pagal 2019 m. duomenis), 239 – buvę Kauno ar Kauno rajono gyventojai.

1943 m. pradžioje Kauno getas buvo paverstas koncentracijos stovykla KL-Kauen. Civiliai valdytojai pakeisti esesininkais. SS oberšturmbanfiureris Wilhelmas Göcke'ė paskirtas eiti stovyklos komendanto pareigas. Kontrolė tapo griežtesnė – geto savivalda paleista, visa mėgėjiška veikla uždrausta. 1943 m. lapkritį fronte silpnėjant nacių pozicijoms suformuota komanda, turėjusi ekshumuoti ir sudeginti žuvusiuosius IX forte: taip siekta nuslėpti nacistinių nusikaltimų mastą. Komandą sudarė 64 kaliniai – geto žydai ir karo belaisviai. Suvokdami, kas jų laukia po to, kai darbas bus baigtas, 1943 m. lapkričio 25 d. jie pabėgo.

1944 m. kovo 27–28 d. gestapininkai, padedami ukrainiečių ir Vlasovo kareivių, KL-Kauen stovykloje įvykdė itin žiaurią Vaikų akciją: jaunesnius nei 12 metų vaikus atplėšė nuo motinų, sumetė į sunkvežimius ir išvežė. Vyresni nei 55 metų suaugusieji ir neįgalūs asmenys taip pat buvo šios akcijos taikiniai. Po dvi dienas trukusio persekiojimo, daugiau nei 1 000 žmonių išvežti į Aušvicą, maždaug 300 sušaudyti IX forte.

1944 m. liepos 8–12 d. Kauno getas likviduotas, jo pastatai padegti. Nuo 6 000 iki 7 000 žydų buvo išgabenti į nacių koncentracijos stovyklas Dachau ir Štuthofe, apie 1 000 nužudyta likviduojant getą ir tik 300–400 žydų pavyko pabėgti. 1944 m. rugpjūčio 1 d. į Kauną įžengė Raudonoji armija.

> „Kauno getas buvo vieta, kurioje žydai buvo uždaryti, verčiami badmiriauti ir dirbti vergiškus darbus iki bus nužudyti. Tai buvo vieta, kurioje vokiečiai ir lietuvių kolaborantai periodiškai areštuodavo šimtus ar tūkstančius žydų ir atimdavo jiems gyvybę. Tai buvo vieta, kurioje vadovams tekdavo priimti neįmanomus sprendimus, ir jie stengėsi apsaugoti bendruomenę nuo to, kas, kaip paaiškėjo, buvo fatališka lemtis. Tai buvo vieta, kuri galiausiai virto koncentracijos stovykla. Tai buvo vieta, kurioje žydai bandė bet kuria kaina ištverti, išsaugoti savo orumą, nepaisant žvėriškų išpuolių, laikytis savo tradicijų, priešintis skriaudikams, pasitelkdami kūrybą ir bendrystę, nežmoniškai sunkiomis sąlygomis rasti būdų, kaip fiziškai kovoti su vokiečiais."[3]

Remiantis įvairiais šaltiniais, maždaug 250–400 sėkmingai paslėptų Kauno geto vaikų išgyveno Holokaustą. 80 % Kauno geto kalinių, kurie buvo išsiųsti į nacių koncentracijos stovyklas, į Lietuvą nesugrįžo ir pasiekė Palestiną, Jungtines Amerikos Valstijas, Kanadą. Slapstydamiesi miškuose išgyveno tik apie 500 Kauno geto pogrindinio pasipriešinimo narių. Nemažai žydų iki 1948 m. paliko Lietuvą nelegaliai. Dauguma tų, kurie liko sovietinėje Lietuvoje ir nebegalėjo išvykti, apsistojo Vilniuje ir Kaune. Provincijoje gyventi nebuvo saugu, nes ten tvyrojo antisemitinės nuotaikos.

Kilus idėjai Kaune įsteigti žydų muziejų, sovietų valdžia jam suteikė leidimą tik Vilniuje. Muziejus atidarytas 1944 m., bet jau 1949 m., įvedus griežtą Stalino antisemitinį potvarkį, uždarytas drauge su žydiškomis mokyklomis, vaikų darželiais ir vaikų namais. Žydų istorijos, kultūros ir tradicijų tema viešojoje erdvėje nebuvo liečiama keturiasdešimt metų.

Pirmosios repatriacijos iš Lietuvos į Izraelį, pagaliau leidusios susitikti išdraskytoms šeimoms, prasidėjo šeštojo dešimtmečio pradžioje. Galiausiai aštuntojo dešimtmečio pradžioje repatriacijų kvota sovietinėje Lietuvoje padidinta, vis daugiau žydų galėjo išvykti į Izraelį ir Jungtines Amerikos Valstijas. Šiandien Lietuvos žydų bendruomenę sudaro mažiau nei 4 000 žmonių, iš jų apie 350 gyvena Kaune. Tarp išgyvenusių jų Kauno getą – profesorė Irena Veisaitė, jos pusbrolis, politinių mokslų daktaras Aleksandras Štromas, įžymus teatro režisierius Kama Ginkas iš Maskvos, karo metu buvusi keturiolikos, Kauno gete dienoraštį rašiusi Ramara Lazerson-Rostovsky, architektas Moshe'ė Rosenblumas, Fruma Vitkinaitė-Kučinskienė, Leo Rozentalis, Tobijas Jafetas ir kiti.

1 Kauną žiedu supa devyni fortai, pastatyti dar caro laikais, XIX a. pabaigoje, ir skirti miesto gynybai nuo galimų priešų. Po Pirmojo pasaulinio karo jie prarado savo strateginę reikšmę ir buvo apleisti, bet vėliau pasitarnavo formuojamai Lietuvos Respublikos kariuomenei, taip pat buvo naudojami įvairioms viešosioms reikmėms. Pavyzdžiui, tarpukariu IX forte buvo įrengtas kalėjimas.

2 1944 m. rugpjūtį buvo sudaryta Sovietų ypatingoji valstybinė komisija vokiečių fašistų bei jų bendrininkų piktadarybėms nustatyti ir ištirti. Ji nustatė, kad IX forte žuvo apie 50 000 žmonių, dauguma jų Lietuvos žydai; apie 10 000 žydų buvo atvežti iš Austrijos, Vokietijos ir Prancūzijos. Kai kurie istorikai laikosi nuomonės, kad skaičiai buvo mažesni.

3 Versta iš įžangos Walterio Reicho knygai „Hidden History of the Kovno Ghetto" [Dennis B. Kleinas, *United States Holocaust Memorial Museum*], pirmasis leidimas, 1997, p. 8.

list of plates
kūrinių sąrašas

56 Jakovas Lopianskis
Gimė 1940 m. Born 1940
Kaunas, 1997

57 Abraomas Krumas
Gimė 1908 m. Born 1908
Kaunas, 1997

58 Raisa Kleinaitė
Gimė 1919 m. Born 1919
Kaunas, 1997

59 Dora Lipkovičienė
Gimė 1924 m. Born 1924
Kaunas, 1997

60 Leo Rozentalis
Gimė 1937 m. Born 1937
Vilnius, 1994

61 Klara Černiauskienė
Gimė 1917 m. Born 1917
Kaunas, 1997

62/63 Dovydas Leibnicas
Gimė 1920 m. Born 1920
Vilnius, 1994

64 Dobė Rozenbergienė
Gimė 1928 m. Born 1928
Kaunas, 1997

65 David Sasover
Gimė 1926 m. Born 1926
Kaunas, 1997

66 Rachil Šliosberg
Gimė 1927 m. Born 1927
Vilnius, 1994

67 Isaakas Demantas
Gimė 1929 m. Born 1929
Vilnius, 1994

68/69 Tobias Jafetas
Gimė 1930 m. Born 1930
Vilnius, 1997

71 Dmitrijus Kopelmanas
Gimė 1927 m. Born 1927
Vilnius, 1994

73 Maja Vysockaja
Gimė 1936 m. Born 1936
Vilnius, 1994

74/75 Šapsai Cholen
Gimė 1925 m. Born 1925
Vilnius, 1994

76 Feiga Kaganskienė
Gimė 1926 m. Born 1926
Kaunas, 1997

78 Mejeris Kujavskis
Gimė 1925 m. Born 1925
Kaunas, 1997

79 *Große Aktion* paminėjimas
Kauno IX forte. 1994
Commemoration of the *Große Aktion*
at Kaunas' IX Fort. 1994

80 Genė Machatienė
Gimė 1915 m. Born 1915
Kaunas, 1997

81 Sonia Codikaitė
Gimė 1910 m. Born 1910
Kaunas, 1997

82 Šeina Lupšicienė
Gimė 1922 m. Born 1922
Kaunas, 1997

83 Pesa Kacienė
Gimė 1923 m. Born 1923
Kaunas, 1997

84 Lėja Finkelšteinaitė
Gimė 1919 m. Born 1919
Vilnius, 1994

85 Polina Zingerienė
Gimė 1922 m. Born 1922
Kaunas, 1997

87 Grigorijus Smoliakovas
Gimė 1922 m. Born 1922
Vilnius, 1994

88 Emilija Ožinskienė
Gimė 1924 m. Born 1924
Vilnius, 1994

89 Ela Glinskienė
Gimė 1939 m. Born 1939
Kaunas, 1997

90 Rachil Šliosberg
Gimė 1927 m. Born 1927
Vilnius, 1994

92 Dovydas Glikas
Gimė 1911 m. Born 1911
Kaunas, 1997

93 David Sasover
Gimė 1926 m. Born 1926
Kaunas, 1994

94 Kauno geto likvidavimo
50-mečio minėjimas. 1994
Commemoration meeting on the
fiftieth anniversary of the liquidation
of the Kaunas Ghetto. 1994

96/97 Kauno geto likvidavimo
50-mečio minėjimas. 1994
Commemoration meeting on the
fiftieth anniversary of the liquidation
of the Kaunas Ghetto. 1994

98/99 Kauno geto likvidavimo
50-mečio minėjimas. 1994
Commemoration meeting on the
fiftieth anniversary of the liquidation
of the Kaunas Ghetto. 1994

100/101 Kauno geto likvidavimo
50-mečio minėjimas. 1994
Commemoration meeting on the
fiftieth anniversary of the liquidation
of the Kaunas Ghetto. 1994

102/103 Kauno geto likvidavimo
50-mečio minėjimas. 1994
Commemoration meeting on the
fiftieth anniversary of the liquidation
of the Kaunas Ghetto. 1994

104 Kauno geto likvidavimo
50-mečio minėjimas. 1994
Commemoration meeting on the
fiftieth anniversary of the liquidation
of the Kaunas Ghetto. 1994

107 Senose žydų kapinėse. Zarasai, 1968
The Old Jewish Cemetery. Zarasai, 1968

VšĮ ANTANO SUTKAUS
fotografijų archyvas

LIETUVOS
KULTŪROS
TARYBA

Vilna Gaon State
Jewish Museum

First edition published in 2019

© 2019 Antanas Sutkus for the images
© 2019 the authors for their texts
© 2019 Steidl Publishers for this edition

All rights reserved. No part of this publication may be reproduced or transmitted in any form or by any means, electronic or mechanical, including photocopy, recording or any other storage and retrieval system, without prior permission in writing from the publisher.

Book design: Holger Feroudj / Steidl Design
Translation: Sandra Bernotaitė (Lithuanian), Caryl Swift (English),
Edita Gudišauskaitė (Polish-Lithuanian)
Copy-editing: Monte Packham (English)
Scans and separations by Steidl image department
Production and printing: Steidl, Göttingen

Steidl
Düstere Str. 4 / 37073 Göttingen, Germany
Phone +49 551 49 60 60 / Fax +49 551 49 60 649
mail@steidl.de
steidl.de

ISBN 978-3-95829-640-4
Printed in Germany by Steidl